安部智海
Abe Chikai

ことばの向こうがわ

震災の影　仮設の声

法藏館

はじめに

支援とは何だろうか。

東日本大震災以降、多くのボランティアにより、物心両面でさまざまな支援活動が展開されてきた。泥掻きや、瓦礫《がれき》の撤去、不足した物資を届けるといった物的な支援。そして、被災された方を元気づけようと催《もよお》されるイベントや、相手の話に耳を傾ける傾聴などの心的支援。そうした支援は「心のケア」と呼ばれもした。ところが、その心的支援はそれぞれに違う手法や意図をもっており、期待される効果もまた、それぞれ別個のものであった。「心のケア」という同じ呼び名でありながら、内容の異なる活動が各々《おのおの》でなされたことで、混乱をきたす場面もあった。さらにそうした心的支援は、物的支援とは異なり、成果が目に見えにくく、数値としてそれを示すことができないことから、「支援者の勝手な自己満足ではないのか」という批判さえあった。

支援とは何だろうか。

端的に言えば、苦難に直面した方を支え、援《たす》けることだ。たとえば苦難に直面したとき苦悩が生じる。その苦悩が誰にも顧《かえり》みられず、ひとりで抱え込まざるを得なくなったとしたら、苦悩はますます大きなものへと膨らんでゆくだろう。しかし、解決策さえ見つけられないほどの大きな不安と孤独のなかでも、誰かのあたたかい眼差《まなざ》しが向けられているという、ただそれだけのことが、その人を支える力になることがある。苦悩する気持ちを丁寧に受け取ってくれる誰かがいることで、その孤独が和《やわ》らぐことがある。

そのためにできる方法の一つが、仮設住宅居室訪問活動だった。

本書は、仮設住宅居室訪問活動の、二〇一一年から二〇一六年までの記録である。

第一章では、震災発災から仮設住宅居室訪問活動が始まるまでのこと、活動の背景や姿勢について触れた。仮設住宅の扉を一軒一軒ノックしながら、お住まいの方の気持ちに向き合おうとする活動が、どういう理念で行われ、何を大切にしようとしているかについて確認している。

二〇一一年一〇月から震災後二年までを扱う第二章では、被災された方々が仮設住宅での生活を始めるにあたり、物心両面で多くの問題に直面する頃の出来事をまとめた。仮設住宅での暮らしが、住民の方にとって日常化してゆく時期でもある。とはいえ、震災以前の事物や風景には、そこに暮らされた方の強い思いが、いまだ残されているのだった。

第三章は、仮設の暮らしも三、四年目に入る頃のことである。当初、仮設住宅への入居は二年という期限で予定されていた。しかし、公営住宅や災害復興住宅の建設は遅々として進まない。いつまで仮設住宅での暮らしを余儀なくされるのかという住民の不安が色濃くなるなか、世間では震災への記憶の風化が叫ばれ始めていた。

二〇一五年頃には、災害公営住宅の建設も進み、いよいよ住民の転居が始まる。その一方で、仮設住宅の家屋そのものが経年による限界を迎え始める。第四章で扱うのは、老朽化してゆく仮設住宅と真新しい公営住宅とのコントラストが鮮明になってくる時期のこと。いまだ仮設住宅にお住まいの方たちの焦《あせ》りやあきらめも、また、より強く見られるようになるのだった。

第五章では、前章と同時期、災害公営住宅に転居された方々を訪問したときのことをまとめた。仮設住宅から真新しい公営住宅に移ったからといって、不安がなくなったわけでも、まして悲しみが拭《ぬぐ》い去られたわけでもなかった。

本書では、そのときどきでの苦悩、その人その人の悩みを綴《つづ》っている。その向こうがわにある、心の動きや、息遣いをどれだけ伝えることができただろうか。これまで出会ってきた気持ちの動きや息遣いを振り返り、支援とは何か、人と関わるとはどういうことか、考える。そのことは何度も問い直され、考え続けなければならないことだと思っている。

目次

主な活動地域

陸前高田市

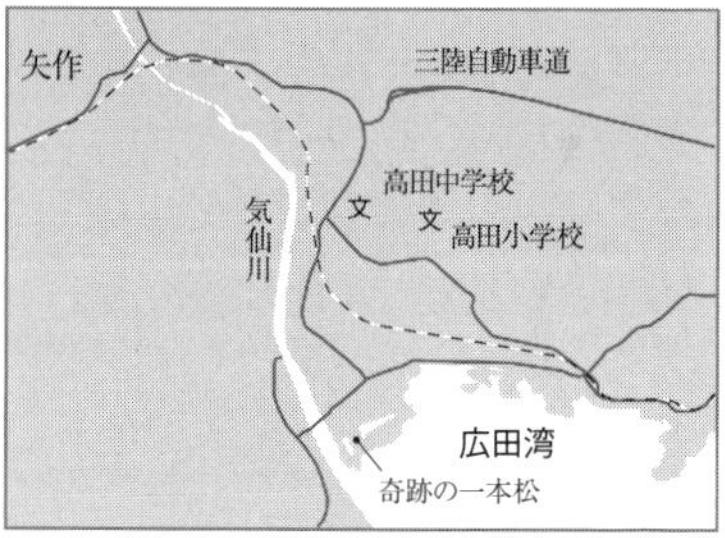

閖上地区

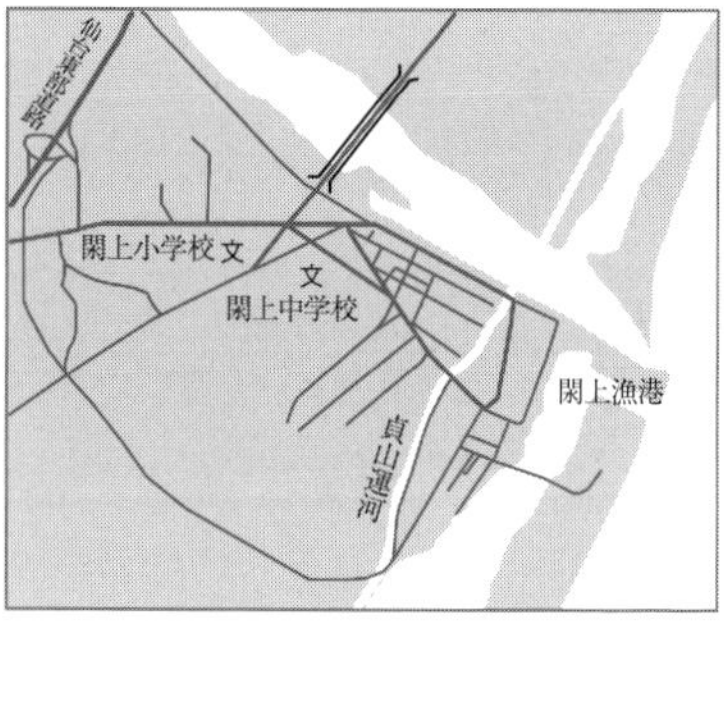

ことばの向こうがわ

震災の影　仮設の声

プロローグ

二〇一六年八月。

東北地方の、ある場所で、仮設住宅の解体工事が行われていた。

久しぶりにその仮設住宅を訪ねてみようと思ったのは、住民のみなさんが転居を終えて、しばらく時間も経ったころのことだった。仮設住宅の敷地のそばまで行ってみると、規則正しく建ち並んでいた住宅棟のほとんどは姿を消し、敷地内で重機が忙しそうに働いている。かろうじて姿を留めている仮設住宅も、まるで齧《かじ》られたあとのように横たわっていて、どこか痛々しさを感じさせた。ついに始まったかという思いと、もっと間近で見届けたいという思いで、さらに近づいてみると、建物が壊されていく音が耳に鋭く刺さってくる。ここにお住まいだった方々の暮らしの風景が重なった。

そばを通りかかった工事現場の男性を呼び止めて、かつての住民がここの解体工事を見に来るのではないかと尋ねてみた。ところが返ってきたのは「そうでもない」という答え。

私の表情を読み取って、男性は少し申し訳なく思ったのか、震災直後の話をしてくれた。長年住んできた家が津波の被害を受け、住むこともできずに取り壊さなければならない現場では、住人もそれを見届けに来ていたという。そのときは、男性の胸も痛んだそうだ。だが、今取り壊しているのは仮設住宅である。

「みんな、ここでのことは忘れたいんだろうね」

壊されてゆく仮設住宅に目をやりながら男性は、この場所には震災のつらい思い出しかないのだろうとも言った。

「そういうイヤな思い出を少しでも早くなくしてあげるのが、俺たちの仕事だと思ってるけどね」

許可をもらって敷地内に入ると、解体中の仮設住宅が目の前に迫る。住民のみなさんが和気藹々《わきあいあい》と過ごされていた集会所の姿はすでになく、住民の行き交った住宅棟も数えるほどしか残っていない。取り壊しの進む棟では、居間だった部分がそのままの形で剝《む》き出しになっている。私もその居間でお茶をよばれたかもしれない、という思いが、ふと脳裏をよぎった。

「そういえば、あなたのほかにも、もう一人ここに入りたいって来た人がいたよ」

男性が思い出したように言うので、いったいどのような人なのかと尋ねてみると、それは市の職員ということだった。

「ここで仕事をした人にとっては、思い出の場所なんだろうけどね」

そうかもしれない。仮設住宅の取り壊しを見届けたいと思った私の気持ちは、支援者の勝手な感傷にすぎなかったのかもしれない。男性の言葉を受けて、これまで仮設住宅で活動を続けてきてのさまざまが、思い出されるようだった。

第二章 大災害のあとで

仮設住宅居室訪問活動の始まりは、戸惑いの連続であった。

震災以降、自分のことを責め続けている方、支援者に傷つけられたという方、自分と周りの被害をくらべて「自分はまだマシだから」と辛い気持ちを抑え込もうとされる方。

苦悩を抱える方一人ひとりの気持ちにどのように関わることができるのか。そして、どのような関わりが、その苦悩を和らげることに繋がるのか。

模索は続くのだった。

死にたい気持ち

「仮設では死にたくない」という声は、仮設住宅の訪問活動を始めた当初から、高齢の方を中心に聞かれた。長引く仮設での暮らしや、先行きの見えない不安が、そうした声となって現われ出ていたのかもしれない。どなたも、自身の余命を数えながら、あきらめたように「仮設では死にたくないんだけどねぇ」とおっしゃるのだ。

そんな高齢の方のなかにあって、「こんなところで長生きなんかしたくない。もう死んでしまいたい」と言う女性がおられた。「死んでしまいたい」という言葉に思わず反応した。ところがこの女性は、言葉の内容から予想されるような表情で「死にたい」と言われるのではなく、どこか軽い冗談でも言うような笑顔でそのことを言われるのだ。言葉と笑顔とのギャップに、この女性がどういうお気持ちなのか、困惑させられた。

しかし、その表情の理由は、話を聞かせていただくなかで、少しずつうかがい知ることができるのだった。

女性の「死にたい」という気持ちは、今に始まったことではなかった。震災後いつも心のどこかにもっていた気持ちなのだという。あと何年生きられるだろうか、この先どうなるのだろうか、さまざまな不安を抱きながら仮設での暮らしが続いてゆくにしたがい、その気持ちはしだいに大きくなっていった。そして、とうとう自分ひとりで抱えきれなくなったころ、機会を見つけて同じ仮設に住む知り合いに「死にたい」と打ち明けてみたという。だが、返ってきたのは「そんなこと言わないで、元気で生きていかないとダメでしょ」、「負けてられないんだから、前だけを向いてなさい」という言葉だった。女性のなかで「こんなところに居たくない」という思いはますます大きくなってゆき、誰かに本音を打ち明けるということもなくなると同時に、「死んでしまいたい」という気持ちも、募《つの》っていくことになるのだった。

女性は、話の途中で何度も自分の気持ちを確認するように「私、おかしいのかな?」と言われた。それは、「死にたい」という素直な気持ちを訴えたにもかかわらず、「そんなこと言わないで」「前だけを向いて」と返されたことで、素直な気持ちを吐露することに臆病になっておられたからなのかもしれない。訪問したはじめに、女性が冗談でも言うような笑顔で「死にたい」と言われたのも、同じ理由からではなかったか。その方が抱いてしまった気持ちそのものに、おかしいもおかしくないもないはずなのに、女性が「私、おかしいのかな?」と繰り返し言われる姿は、自分でも自身の気持ちを肯定しかねているようで、こちらまで切なくなった。

女性が抱えてきた気持ちのそばにいたいと思って、それからも話をうかがっていると、「私ね」

女性は切り出すように言った。

「私ね、ずっと死にたかったのよ」

これまで女性が抱き続けてきた思いが、そのまま声になって出てきたようだった。そして泣き笑いされる女性の表情は、最初の冗談めいたよそよそしい笑顔とは違って、どこか安《やす》らいだ笑顔のようにも見えた。「死にたい」という言葉さえも、最初に聞いたときとはまるで違った言葉のように響いてくるのだった。女性もそのことに気づかれたのか、「はじめて死にたいって言えたような気がします」と言って、もう一度笑顔になった。

女性との出会いは、どんな気持ちであったとしても、誰かに受け取ってもらうことができれば、その気持ちは少しずつ和らいでいくということを教えてくれた。たとえそれが

「死にたい」という気持ちであったとしてもだ。女性との出会いをとおして、《死にたいほどの苦悩》に焦点をあてた活動、その人がその人のままであっていいという、そんな当たり前なことを大切にする活動の必要性を、あらためて感じさせられたのだった。

居室訪問活動という支援

二〇一一年三月以降、東日本大震災が起きてしばらくのあいだ、全国各地よりさまざまなボランティアが東北の被災地を訪れた。

仮設住宅の集会所では、炊き出しやお茶会をはじめ、種々の行事が毎日のように行われた。仮設住宅のなかもにぎわいを見せ、多くの方の笑顔を見ることもでき、こうした活動によって「元気をもらえた」と話す住民も多くおられた。しかし、そうした場所に出て行けない方や、居室に引きこもりがちな方に支援が行き届かないという課題は、仮設住宅での行事が行われ始めた当初からのものだった。

そうした支援の届かない方へ、どのように関わり、どのような支援ができるのかという問題意識から、私たちの「仮設住宅居室訪問活動」は始まったのだった。この訪問活動の背景には、浄土真宗本願寺派総合研究所（以下、研究所）の研究員や、ＮＰＯ法人京都自死・自殺相談センター（以下、Sotto）の相談員、現地ボランティアのみなさんの協力がある。

側溝捜索

お茶会

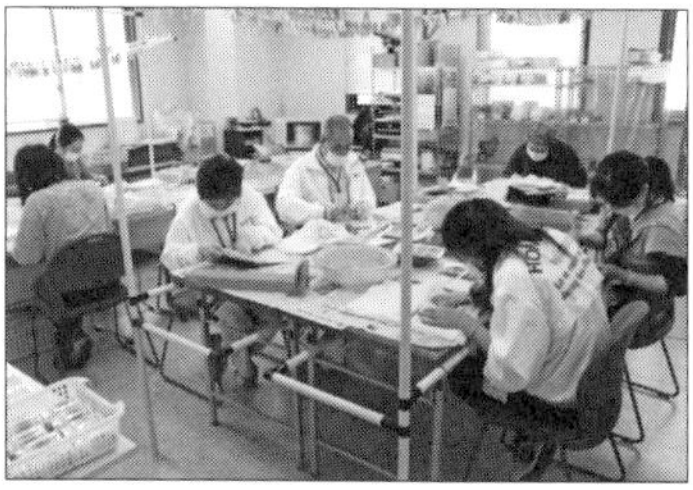

写真洗浄

流入物撤去

Sottoは、研究所で取り組まれていた自死問題に関わる研究部会をきっかけに生まれたもので、研究所の研究員や本願寺派の僧侶のみならず、一般の方々も一緒に、自死・自殺にまつわる苦悩に関わろうと設立されたNPO法人である。そこでは、死にたいほどの苦悩からこぼれる一つひとつの想いを丁寧に受け取ることによってその苦悩を和らげたいと、電話相談やメール相談、居場所づくりなどの活動が、現在も展開されている。

東日本大震災後、仮設住宅の居室を一軒一軒訪問して住民の話を聴くという仮設住宅居室訪問活動が生まれたのは、研究所の研究員やSotto の相談員と、実際に仮設住宅で活動を繰り返して、意見を交わすなかからだった。

支援活動を行うにあたり、まず考えなければならないのは、支援の目的と対象を明確にすることである。目的や対象によって、活動の方法もそれぞれ異なってくるためで、どのような活動を行うにせよ、まずは「何のための活動なのか」という目的意識を明確にすることが先決だ。

津波による流入物を撤去する活動を例に取れば、その目的は、対象地域の流入物を撤去することである。そして流入物を撤去するための方法は、工具や重機を使うということになるだろう。仮設住宅の集会所で行うお茶会やサロンでいえば、それらを開く目的は、仮設住宅の住民のコミュニティ形成を図ることである。そして、そのための方法が、お茶会やサロンという場の提供ということになる。活動に先立って、こうした目的や対象、方法は明確にされ、共有されなければならない。それらが共有されないままで行われる活動には、容易にトラブルが発生してしまうからである。

仮設住宅居室訪問活動では、「死にたいほどの苦悩を少しでも和らげること」を目的として定めた。そのために、仮設住宅の居室を一軒一軒訪問して、お住まいの方一人ひとりと対面し、その方の気持ちをそのままに受け取るということを方法とした。苦悩する気持ちを大切に受け取ってもらえたと感じてもらうことが、その方の苦悩を和らげることにつながるのではないかと考えたからだ。

さらに、単発での訪問ではなく、チームで継続して関わるべきだという意見が出た。個人で活動するにはとうぜん限界もあるが、チームでたがいに補い合いながら活動することができれば、定期的かつ継続した支援活動を行うことが可能になる。対人支援（とくに気持ちに関わる支援）においては、継続した支援が重要になることは言うまでもない。したがって、地元のボランティアを募り、チームで関われるよう活動を組織する必要があった。

相談員として一緒に仮設住宅居室訪問活動を行うにあたって、ボランティアには二日間の養成講座の受講を必須とした。死にたいほどの苦悩を抱えた方にどのように関わるのかという活動姿勢が共有できなければ、仮設住宅に住む方の気持ちを一つひとつ丁寧に受け取るということも、その先にある、相手の方に居場所を感じてもらうということも、難しくなるからだ。

Sotto の応援で養成講座が始まってみると、参加者のなかには、自家用車の燃料が半分

養成講座の様子

になると次にまた地震が来たとき逃げられないのではないかと不安になるという方、車のトランクには寝袋や生活用品を常備しているという方、仮設住宅にお住まいの方を思うと自分だけ快適な生活はできないと震災で失った家具を買い直すことさえ躊躇《ちゅうちょ》される方、なかには、津波によって住居や大切なものを失って仮設住宅にお住まいの方までおられた。それぞれにあの震災を体験されながらも、「避難所などで助けてもらった恩返しがしたい」、「少しでも自分たちの住む地域の人の支えになりたい」、「大切な人が抱えている苦悩を少しでも和らげたい」と、名取市と陸前高田市の二カ所で、二〇一一年一一月～二〇一五年三月までの間に全一六回開かれた養成講座に、延べ一六〇名を超える方が参加して下さった。

訪問活動は、二人一組で行うことにした。

たとえば、仮設住宅の居室を訪問した折、玄関先に立つ私たちを不審げに見ながら、険しい表情をされる方がおられたとする。しかし、お話をするうちに、少しずつその表情が柔らかくなってゆくことがある。それとは反対に、居心地の悪い雰囲気になってゆくこともある。そうした変化を訪問活動が終わったあとに二人でふりかえる。どこで相手の気持ちに変化が起きたのか、あのときの表情、言葉の意味は何だったのか、自分の気持ちの動きはどうだったかなど、気持ちの部分に焦点を当てて、会話におけるその方の主訴や気持ちの変化を追いながら活動をふりかえる時間を設けるのだ。一人では見落としてしまうような心の変化も、二人でふりかえることができれば気づきも多くなる。訪問先の方を傷つけないために、苦悩を抱えた方を中心に活動を続けるために、活動がどうあるべきか、模索は続いていった。

こうした状況のなか、宮城県名取市と岩手県陸前高田市の両市で、仮設住宅居室訪問は活動を展開してゆくこととなる。

はじめての仮設訪問

二〇一一年七月。

仮設住宅居室訪問活動を始めるにあたり、Sottoの相談員と初めて訪問したのは、宮城県南三陸町にある仮設住宅の一番端の居室だった。

最初、扉の外から「こんにちは」と挨拶してみても、返事は返ってこなかった。部屋の中は薄暗く、人の気配もない。もう一度「こんにちは」と挨拶。すると、今度は人の気配がして、奥から五〇代なかばの女性がゆっくりと出て来られた。女性の表情はどこか暗いもので、その表情には抱えておられる苦悩の大きさが滲《にじ》み出ているようだった。

「ひょっとして、訪問したのはご迷惑だったのではないか」、そんな思いが胸をよぎった。「この方とは挨拶を交わすだけで、今日のところは早々に立ち去った方がよいのではないか」というこちらの気持ちの動きは相手にも伝わるもので、会話が進んでいくうちに、どんどん女性と私との気持ちの距離は大きくなっていった。「やはり何度も訪問を繰り返して相手との信頼関係を築いてからでなければ、心のうちは話してもらえないのではないか」、そんな考えまで浮かんでくるのだった。

ところが同行した相談員は怯《ひる》む様子もなく、女性への関わりを続けようとしていた。女性から、ぽつりぽつりとこぼれてくる言葉を、こぼれるままに待っているようだった。どこまでも相手の気持ちを中心に、その気持ちを丁寧に受け取ろう、苦悩に関わろうとする相談員の態度から、徐々にその場にゆったりとした時間が生み出されてくるように見えた。

「外に出るのが億劫でね」
「仮設に移ってから、話相手もいなくてね」
「夜になると寂しくて、震災のことを思い出さない日はないのよ」

女性からこぼれ出す言葉はそんな内容ばかりなのに、その言葉に込められた気持ちを丁寧に受け取ろうとする相談員と、女性の姿を見ていると、気持ちと気持ちが触れ合ってゆくようで、なぜかこちらまで温かい気持ちになってくるのだった。それまで私の胸にわだかまっていた「訪問は迷惑だったのではないか」という思いは、すでになくなっていた。

女性もまたそうであったのか、「実はね」と前置きしてから、「わたしうつ気味なんです」という、おそらく、身近な人にも打ち明けにくいことまで話してくださった。

女性とは初対面であり、最初は怪訝そうな雰囲気であったにもかかわらず、こちらからの関わり方一つで、ここまで心が開いてゆくのかと驚かされた。震災が起きてから仮設住宅に入るまでの数々のご苦労を話されたあと、「こんな話でも聞いてくれてありがとうね」と女性からお礼を言われるころには、何度も訪問を繰り返さないと心のうちを話してはくださらないのではないだろうかという考えは、私の勝手な躊躇《ためら》いにすぎなかったことに気づかされたのだった。

相手の気持ちを尊重し、相手の気持ちを中心に時間を過ごすことは、「あなたは、あなたのままでいい」というメッセージとしても受け取れたと同時に、ともに過ごした相談員にとっても、私にとっても、穏やかなひとときとして感じられたのだった。

このときの経験は、その後、仮設住宅の訪問活動を続けるうえでの原点となった。

避難所でのこと

現地のボランティアとともに本格的な仮設住宅訪問活動が始まるまでの数カ月間、私たちは、仮設住宅だけでなく、まだ各地に残されていた避難所にも訪問していた。本願寺派の支援拠点となっていた仙台別院には、当時、全国各地からたくさんの支援物資が送られてきており、そうした物資のなかから、インスタント食品や、タオル、腕輪念珠《うでわねんじゅ》などを小分けにし、京都からのお土産を添えて、避難所に避難されている方々に一人ひとり手渡しながら話を聞かせていただいていたのだ。

持ってきたお土産を手渡すと、避難所のみなさんは不便な生活にもかかわらず、むしろ私たちのことを気遣って「遠くからわざわざ」と明るい表情で労《ねぎら》いの言葉をかけてくださった。だが、ふとした瞬間に、

「今日も仮設の抽選はずれちゃってね……」

「早くここ（避難所）から出たいんだけど……」

「せめて仮設住宅に移れたら……」

という言葉とともに、さきほどまでの明るい表情はみるみる曇ってゆくのだった。その表情の前では私たちが持ってきた土産など、みすぼらしいほどちっぽけで、何もできない無力さ、もどかしさに、戸惑ってしまうこともしばしばだった。

このときの戸惑いは、物資を受け取ることよりも苦悩する気持ちを誰かに受け取ってもらえること、そのことが苦悩を和らげることにつながる、という居室訪問の理念に、私自身がまだ確信を持っていなかったことから生まれていたのかもしれない。

この時期、避難所の訪問で印象的な出会いがあった。

「あなたたちお坊さん?」と尋ねてこられるご婦人がおられたのだ。「京都の西本願寺から来ました」という挨拶が聞こえたのだという。見たところ四〇代といったところだろうか。私たちが頷《うなず》くのも待ちきれず、ご婦人は「お経の書いてある本をくださいませんか?」と呟き込むように言われた。その方の真剣な表情に、どうしてお経本が欲しいのか、経本をお渡しする前にその理由を尋ねてみたくなった。

すると女性は次のような顚末を教えてくれた。

先日、この避難所に、津波で亡くなった方の供養をしてくれるというお坊さんたちが、

ボランティアで来られたのだそうだ。「まだ見つからないご遺体もありますので」と誘われるまま、浜辺に降りることになった。

「ここで法要をしましょう」

浜辺に着くと、お坊さんたちは海に向かってお経のようなものを唱え始めたそうだ。その読経の声を聞いていると、津波で離ればなれになってしまった友人がまるで亡くなったことにされたみたいで、悔《くや》しくて涙が溢《あふ》れたという。ご婦人は、その友人が生きているに違いない、きっと帰って来るにちがいないという思いだけを頼りに、これまでの避難所生活を耐え続けていたのだ。

ボランティアのお坊さんたちが帰ってから数日、連絡のない友人を待ち続けるうちに、ご婦人の気持ちは「やっぱり、あの人はもう帰って来ないのかもしれない」という方向に傾いていったという。そして、ならば、せめて自分でお経を唱えてあげたい、という気持ちになっていったのだった。

「だから、お経の書いてある本をください」と、ご婦人は重ねて言われた。

お経本を差し上げることで彼女の気持ちが落ち着くならと、私は手持ちの経本を差し上げることにした。だがこのとき、経本を手渡したことがよかったのかどうか。

「やっぱり、あの人はもう帰って来ないのかもしれない」という言葉には、どんな気持ちが込められていたのか。「お経を唱えてあげたい」という思いには、友人へのどれほどの親愛が込められていたのか。私は、きちんとこの方の気持ちを受け取ろうとしていたのか。経本を手渡してしまったことで、むしろご婦人の抱えておられた気持ちを聞かせていただく機会を失ってしまったのではなかったか。

もし、目の前にいる方の気持ちをないがしろにしたままなのだとしたら、そこで行われるどのような支援も、その方の気持ちを和らげることはできないのではないだろうか。支援というものを考えるとき、それがいかなる支援であれ、相手の気持ちを感じ取るということがまず最初に考えられなければならないだろう。この出来事のあとも仮設住宅居室訪問活動を、どのような活動にしてゆくべきか、模索は続くのだった。

閖上の悲劇

仮設住宅居室訪問活動が本格的に行われることになったのは、二〇一一年の一〇月に入ってからのことで、すでに本願寺派がお茶会活動を展開していた七カ所の仮設住宅で行われることになった。そこは宮城県名取市内にある、居室数も一〇〇軒を超す大きな仮設住宅ばかりで、おもに閖上《ゆりあげ》地区にお住まいだった方たちが入居されていた。

閖上地区は仙台市から南東の沿岸部に位置しており、震災時には一〇〇〇名近くの方が犠牲となった場所である。大きな地震が起きて、この地区の方々は当初、公民館に避難するよう指示を受ける。ところが、いったん公民館に避難した方々に、今度は津波のおそれがあるため、五〇〇メートル先の中学校に避難するよう、もう一度避難指示が出たのだった。公民館からあらためて中学校に避難しようとする人々で、道路はたちまち混雑したという。そこへ津波が押し寄せたことで、たくさんの方が、中学校を目指しながらも、それを果たせずに亡くなっていったのだ。あの避難誘導がなければ、あるいは助かった命もあったかもしれない。閖上地区で起きたこの出来事は、《閖上の悲劇》とも呼ばれている。

その《閖上の悲劇》をふりかえって、「申し訳ない」とおっしゃる女性がおられた。五〇がらみのその女性は、中学校へと避難する途中の息子さんを津波に流されてしまったのだ。波が引いてからというもの、女性は、来る日も来る日も、中学校の近辺に息子さんを探しに行かれたという。流れてきた家の残骸や、潰《つぶ》れた自動車などが折り重なるなかを、毎日、それは懸命に探したそうだ。しかし、ついに息子さんを見つけることはできなかった。今思えばあのとき、視線が下を向いたことは一度もなく、動いている人やものばかりを目で追いかけては、息子さんなのではないかと気を揉《も》んだそうだ。

「まさか自分の息子が死んでるなんて思ってもいなくてね」

女性は、そのときの気持ちを、そう話された。無意識に生きていることを前提に息子さんを探していた自分に気がついたのは、ずいぶん時間が経ってからのことだったという。そして、遺体安置所で息子さんの顔を見るまでは、息子さんが亡くなっていることなど頭の片隅にも浮かばなかったそうだ。

「あのとき、ひょっとしたら足元に居たかもしれないのに、気づいてやれなくて……」

そして女性は、そのことを「申し訳ない」と言われるのだ。その言葉には、母親としての息子に対する想いのありたけが込められているようだった。

《閖上の悲劇》と呼ばれた事態は、どういった経緯で、そして何が原因で起きたのか、

震災以降しばらく議論が続けられた。しかし、この《閖上の悲劇》によって家族を亡くされた方にとって、それがどのような経緯であれ、原因が何であれ、深く胸に堪えるものだったことに変わりはないだろう。

この場所で、訪問活動は始まったのだった。

くらべられない悲しみ

仮設住宅のお部屋を一軒一軒訪問して、お話をうかがう居室訪問活動は、宮城県名取市のほかに、岩手県陸前高田市でも展開されることになった。

陸前高田市は、東北の湘南と呼ばれるほど美しい海辺の風景をもつ場所で、どこまでも続く松原と砂浜は、東北に住む人々に愛される勝景の地でもあった。大津波は、そんな景地を乗り越え、市街地にあったすべてを押し流したのだった。市民の一割もの命が奪われたこの場所で、松原に一本だけ残った松の木は、〝奇跡の一本松〟と呼ばれるようになった。そして、陸前高田市はその松の木によっても知られるようになる。

震災のあと、この地域では、波の引く速度が遅かったために、押し流された多くの遺体が矢作《やはぎ》という地区に留まった。ただし、その矢作地区は、陸前高田市の旧市街地から内陸に約六キロメートルも離れた場所にあるのだ。自宅の二階部分だけが敷地からず

いぶん離れた場所に流されているのを見つけて茫然《ぼうぜん》とされたという方や、「どうしてこんなところに？」と思われるほど遠い場所で自家用車を見つけたという方もおられ、津波による被害の大きさがうかがわれた。

それほどの被害を受けた陸前高田市では、震災後しばらく、知り合いや友人の姿を見かけると、「あんた生きてたの」という声とともに誰彼かまわず抱き合って喜ぶ風景が、あちらこちらで見られたという。そして、決まって「それで家族はどうだったの？」という言葉が続く。

「うちは、爺ちゃんが流されて……」

「それでご遺体は？」

「おかげさまで見つかりました」

「それはよかった」

そして、そこでも喜びを分かち合うのだ。ご家族の遺体も見つからず、気持ちの整理をつけかねている方々もいるなかで、「遺体が見つかっただけでも幸せ」なのだと。

この話をしてくださった方は、当時のこの会話をふりかえって、「今思えば、異常な会話だよね」ともらされるのだった。

仮設住宅で話をうかがっていて気づかされるのは、「自分だけがつらいんじゃないから……」、「私のところは家族全員無事だし、まだマシなほうだから……」という声が聞かれることである。そしてその言葉が出たあとには、なにか言い出そうにも言い出せないでいるような、どこか居心地の悪い印象をもった沈黙が訪れることが多い。

この言葉のあとに続くのは、いったいどんな言葉だったのだろう。きっと「自分だけがつらいんじゃないから、弱音なんて吐けない」、「私のところは家族全員無事だしまだマシなほうだから、悲しいなんて言っていられない」といった言葉なのではなかったか。自分よりも大変な状況にある方たちに対する申し訳なさのようなものが、自分の素直な気持ちにフタをしてしまって「自分だけがつらいんじゃないから」という言葉になって現われていたのかもしれない。

ある日突然起きた災害によって、それまであった生活が大きく様変わりし、誰もが、目の前で起きたことをどのように受け止めたらよいのかと、気持ちの整理のつかないままに日々を過ごしていたことだろう。自分の身に起きた被害もさることながら、自分と同じように被害を受けた方、あるいは自分よりも大きな被害を受けた方がいらっしゃることに心

を痛めながら、みなさんが過ごしてこられたことだろう。ご自身だってつらい気持ちを抱えておられただろうに。

自分の悲しみを誰とも比べなくてもいい、その人の悲しみがその人の悲しみのままで居られる場所、居場所があっていいはずなのだ。そうした居場所を、ささやかでも提供したいという思いのもと、岩手県陸前高田市での居室訪問活動は、浄土真宗本願寺派東北教区災害ボランティアセンター陸前高田出張所「とまり木」を拠点として、地元のボランティアさんとともに続けられてゆくことになる。

第二章 仮設に住む

ひとくちに「仮設住宅」と言っても、さまざまなタイプがある。

プレハブや、木造、三階建てのものなど。

そして、立地もまた、街中や山の上や海岸線など、さまざまである。

それらの仮設住宅が震災後、等しく初めての冬を迎えようとするころ、生活上の不便さや問題点が次々に表面化してくる。住民からはそのたびに「しょせん仮設だから……」という、あきらめにも似たつぶやきがこぼれるのだった。

亡き方の声

東日本大震災によって亡くなられた方、行方のわからない方など、その犠牲者は一万八〇〇〇名以上にものぼる。その陰で、どれほど多くの家族や友人、関わりのある方々が悲しみや寂しさを抱えてこられたことだろう。

そうした気持ちの動きによるものなのか、活動を始めて一カ月が経とうとする二〇一一年一一月ごろより、亡くなったはずの家族や友人に出会ったという声が仮設住宅で聞かれ始めた。

「朝方、玄関から息子の帰って来る足音が聞こえて目が覚めた」
「夜寝ていると、妻の寝息が聞こえた」
「姿は見えないけれど、確かに気配がした」

こうした声からは、亡くなった方々に対する強い思いが伝わってくるようだった。

一方で、「夜になると、いまも悲鳴をあげながら津波から逃げる人の姿が見える」という方や、「津波浸水地区で車を停めていると、「あんたのとこはいいな」という声が聞こえた」という怪異譚《かいいたん》のような話をされる方もおられた。そして「もう元の場所には住みたくない」、「近づきたくない」、「やっぱり怖い」などの言葉が続くのだ。こうした、亡くなった方に出会ったという声に、どのように関わることができるのか？　訪問活動を続けてゆくなかで、しばらく戸惑いも続くのだった。

宮城県の仙台湾に沿うようにして、貞山運河《ていざんうんが》が名取市を貫いている。

この運河は、岩手県の北上川から福島県の阿武隈川《あぶくまがわ》までをつなぐもので、東北本線が開通するまでのあいだ、宮城・岩手の米の運輸に大いに利用された。東北本線が開通してからは運輸に使われることもなくなってゆくのだが、この運河は、伊達政宗《だてまさむね》が掘らせたことから、その諡《おくりな》にちなむ「貞山堀《ていざんほり》」という名前で親しまれており、その景観は地域の方の憩《いこ》いの場としての役割も担っていた。休日になると、この運河沿いの遊歩道を散策する方や、釣りを楽しんだりする方の姿で賑《にぎ》わったという。

そしてこの長大な貞山堀はまた、地域の方には津波の防波堤として受け止められていた。そのため、「貞山堀からこちらに津波が来ることはない」という思いが、閖上地区の方々の避難行動を遅らせたということもあったようだ。

震災発生時、大きな地震によって閖上地区を流れる貞山堀の水は一気に引いて、泳いでいた魚が川底で跳ねているのが見えたという。津波が来るに違いないと直感された近隣住民の方々が急いで避難しようと駆け出すと、今度は思わぬ方角から波が襲ってくる。閖上地区に津波が打ち寄せたのは、海岸のある東側からではなく、北側からだったのだ。その後、津波は貞山堀をゆうに越え、海岸から五キロメートルも内陸にある仙台東部道路にまで遡上する。堤防を越え、真っ黒い波が次々と田畑を飲み込みながら貞山堀を乗り越えてゆくシーンは、私たちもテレビや新聞などの報道で何度も目にした。

震災前の貞山堀を写真で見ると、震災後の景色とのあまりの隔たりに目を疑いたくなる。写真のなかの貞山堀は、河岸に緑が豊かに萌えて、鏡のような河面には橋が映り込んでいた。繋留された小舟さえも風景の一部のようで、同じ貞山堀であることが信じられない。現在の、更地になった土色に雑草の緑色が点在するばかりの景色と、震災以前の風景との差異は、地域の方たちが津波によって、それまでの暮らしに変化を強いられたことを象徴しているかに見えた。

こうした景色の劇的な変化にともなって、地域に住む方たちの憩いの場であったはずの

貞山堀に対する見方にも、徐々に変化が見られるようになった。いつしか「貞山堀から向こうへ行くのが怖い」という声を聞くようになったのだ。閖上地区では多くの方が津波の被害によって亡くなられたことに加え、「貞山堀はまだ遺体の捜索がされてないから」というのがその理由のようだった。

「家の基礎部分の周りを走り回る子どもの姿を見た」

「夜になると、おーいとこちらを呼ぶ声が聞こえる」

「車を止めていると、「乗せてくれ」という声が聞こえて、ふりかえると窓にべったり手の跡が残っていた」

など、貞山堀の近辺での怪異譚が耳

にされるようになり、震災以前にそこに暮らしていた方にとって、貞山堀は好んで近づきたいと思う場所ではなくなってしまったようなのだった。

その一方で、

「ほんとうに、そんなことがあるなら、流された家族に会いたい」

「まだ見つかっていない家族が、今も、あの場所のどこかにいるんじゃないか」

「いっそこのまま見つからないでほしい」

という声も聞かれた。

そんな声が聞かれ始めてから、しばらく経ったころ。

父親を津波で亡くしたという二〇代の娘さんを訪問したときのことである。娘さんは、震災が起きてから、家庭のなかでも父親の話をすることを避けてきたのだという。しかし、あることがきっかけとなって、ご家族と父親の話をする機会が訪れる。そのきっかけとは、この方のもとに、亡くなった方の言葉を語る、いわゆる口寄《くちよ》せができる巫女《みこ》のような方がボランティアとして訪ねてきたことだった。口寄せによると、娘さんの父親は亡くなったあとも母親の背後にいるということ、そしていつも家族のことを見守っているということだった。にわかには信じがたいことであるし、本当にそれが娘さんのお父さんの言葉なのかどうかは、確かめようもない。
私の戸惑いをよそに、娘さんの話は続く。

娘さんが、その巫女のような方に、自分の姉の結婚式が近いことを伝えると、口寄せによる父親からの祝辞をもらったという。そしてそれを、結婚式で父からの祝辞として代読するつもりなのだとも教えてくれた。今どんな気持ちか尋ねてみたところ、「お父さんからの言葉が嬉しい」と、にっこり答えてくれるのだった。その父親の言葉をとても大切にしていることが、娘さんの明るい表情からも伝わってきた。
娘さんは、ボランティアで来た見知らぬ私たちに、父親の話をできることがよほど嬉しかったのか、その後、部屋の奥からいくつもアルバムを出してきては、家族写真に写る父親を指さして、たくさんの思い出話を聞かせてくれたのだった。

このときの訪問から、怪異譚や幽霊の話が本当なのかどうかということよりも、亡くなった方を見たり、話したり、その存在を感じて、今その方がどのような気持ちでいらっしゃるのか、その気持ちを大切にしたいと思うようになった。経験する事柄は出会う方によって千差万別であるし、同じ体験をしても、その受け取り方や感じ方はそれぞれで異なる。その経験をされてその方は怖かったのか、寂しかったのか、つらかったのか、嬉しかったのか、いま目の前にいるその方の気持ちに向き合うところからしか、支援は始まらないのではないかと思うのだ。

同じ空を見上げる

東日本大震災以降、日本の各地で震度三以上の地震が頻発するようになった。日本のどこかで地震が起きるたびに、また大きな地震が来るのではないか、また津波が来るのではないかと、いつ来るとも知れない災害を心のどこかで意識しながら、毎日を過ごすようにもなった。東日本大震災が起きてからというもの、私たちの災害に対する意識に大きな変化が起きてしまったような気がしてならない。ましてや震災を体験された方々にとってそれは、なおさらのことだろう。

仮設住宅を巡回していたときのこと。

その日は日差しも柔らかく、青空がひときわ高く感じられた。昼下がりの日差しのなか、一人のご婦人が仮設住宅の棟から少し離れた場所に設えてあるベンチに腰かけておられた。日向ぼっこでもされているのかとお声がけをしてみると、仮設住宅のお部屋には「とても居られない」のだと言う。狭い部屋に一人でいると、どうしても気持ちが滅入《めい》ってしまうのだそうだ。また、その方の部屋は道路に面しており、車が通るたびにマンホールの蓋を踏む「タン、タン」という音が響いて、誰かがドアをノックしているのではないかと心が休まらず、そんな部屋にいるよりも外のベンチに座っているほうが「よほどマシ」なのだとおっしゃった。自分の部屋より外の方が落ち着くというのだから、部屋のなかでは、どれほどのストレスを抱えておられたことだろう。

そんなことを思いながら、ベンチに座るご婦人の横に腰かけてみると、青く透きとおった空が心地よく、裏山からは鳥の囀《さえず》りも聞こえてきて、彼女がこのベンチに腰かけたくなるのも頷《うなず》ける気がした。

「あれは雉《きじ》の鳴き声だね」

そう言われるので耳を澄ませてみた。

一緒に雉の鳴き声を聞いていると、のどかな昼下がりの時間が心地いい。

「雉が鳴くと地震が来るっていうからね」

ご婦人は少し暗い表情で、

「でも地震雲は、出てないみたいね」

今度は青空を見上げて、雲を探した。

私にとってはのどかな昼下がりでも、この方にとっては地震を予感させるものとして受け止められていたのだ。同じ鳥の鳴き声を聞いていても、同じように聞いているとは限らない。同じ空を見上げていても、同じように見ているとは言えないのだ。

「時間が解決してくれるっていうのは、ウソね」

ご婦人は空を見上げたまま、ぽつりとこぼされた。

「時間が経てば、震災のことが薄れていくと思っていたけど、時間が経てば経つほど震災のことが大きくなってくるの」

ご婦人の、どこにもやり場のない気持ちが伝わってくるようだった。

「思い出したくないですよね」とお声がけをしたものの、しばらくご婦人は空を見上げたままだった。

あのとき、どんな気持ちであの方は空を見上げていたのか。今でもときおり、思い出す。

ひとりじゃない

夏休み期間に入って間もなく、ある仮設住宅の炊き出しに参加した。

その炊き出しは、夕方から夜にかけて行われた催《もよお》しで、日ごろ接することのない子どもたちや、多くの若い父親、母親たちも参加されていた。子どもたちがそこにいるというだけでその場がにぎやかになり、子どもたちの声に誘われるようにして大人たちも集まってくる。ふと気がつくと、七歳になるという女の子が私のそばに歩み寄り、手をつないできた。

しばらく女の子と手をつないだまま炊き出しのにぎやかな様子を一緒に見ていると、「あのね？　行きたいところがあるの」と、仮設住宅の裏山の方角にぐんぐん私の手を引っぱって行こうとする。すでに陽も落ちてあたりは薄暗くなっており、懐中電灯も持ってはいないため、暗い裏山に入るのは躊躇《ためら》われた。しかし私の躊躇いなど構わず、女の子は手をひっぱって進むのだ。

木々の下生《したば》えをかき分けながら山の奥へと進んでゆくにしたがい、炊き出しの明かりが遠ざかってゆく。

女の子に「怖くない?」と聞くと、「怖くない」という答え。
しばらく女の子に手を引かれるまま、山のなかを踏み分けてゆく。
まっくらな山のなかのこと、七歳の女の子に何かあってはと、私のほうが不安になってくる。「ほんとに怖くない?」と、ふたたび尋ねてみる。怖かったのは私のほうだったのかもしれない。女の子は、さきほどと同じように「怖くない」と返事をした。それからもう一度、「一人じゃないから怖くない」と、握った手に力を込めながら答えてくれたのだった。
そのとき、自分の存在がこの子の支えになっているのだということが伝わってきて、なぜだか私の不安も少しだけ薄らいだような気持ちになった。視界の悪い山道を、もうしばらくのあいだ二人で手を繋いで歩いた。

とつぜん視界が開けた。と同時に、眼下一面に広い大地が見下ろせた。そこは津波被害のあった町並みを一望できる場所なのだった。木々のあいだに、数えるほどのわずかな外灯や、信号の光が小さく見える。建物の影は、やはりどこにもない。その風景から、かつてそこに町があったことを想像することは難しい。広い大地をまっすぐ見つめる女の子の目は、何かを確認しているかのようでもあった。いま、その目にこの風景はどのように映っているのだろう。

しばらくして気が済んだのか、女の子は「帰ろう」と言って、もう一度私の手を引いた。二人で来た道を引き返しながら、どうしてあの景色を見たかったのか尋ねてみようと思ったが、それを切り出すことは、できずじまいだった。

ただ、この子が私を連れ出したのは、きっと、ひとりぼっちでこの景色を見に来ることができなかったからだろう。誰かと一緒にいるということ、ひとりぼっちじゃないと思えることで向き合えることもあるように思うのだ。たとえ解決策が見いだせない状況であっても、誰かと一緒にいるだけで、前に進めるような気がすることがある。たとえ前に進めなくとも、少しだけ気持ちが和らぐということがある。この子との出会いは、そんなことを教えてくれたような気がしている。

苦悩を抱える方に、少しでもそんな和らいだ気持ちになってもらいたい。たとえ和らがないとしても、その和らがない気持ちも同じように大切にしてゆきたい。

迷いなく前を向いて歩く女の子に連れられながら、そう思った。

仮設に根づく

仮設住宅のお部屋の前に、住民の方が植えられた草花が生い茂っている。

その風景には温かい雰囲気が感じられる。仮設住宅を巡回していると、ちょうど草花の手入れをされているところに、声がけをさせてもらうこともある。

手入れをされている植物のことに話を向けると、植物の育ち具合から、肥料や土のこと、生育のために気をつけていることなど、丹精込めて育てていらっしゃることがうかがえる笑顔で、その草花のことを教えてくださる。その話しぶりから、草花の育っていく姿が、仮設にお住まいの方々の気持ちをずいぶんと和ませていることが伝わってくる。

その日の訪問でも、仮設の玄関先で植木鉢の土を掘り返している女性がおられた。

何をされているのか尋ねてみると、これから球根を植えるところだという。無事に育つと良いですねと話していると、丁寧に並べられた球根は、津波で失った自宅脇に自生していた花の球根なのだと教えてくださった。玄関脇に目をやると、大量の土が置いてある。どこから持ってきた土なのだろうかと思って見ていると、あらためて購入されたものだと

いうことだった。

「何もかも流されちゃったからね。土さえ買わなきゃならないんだね」

津波を被った場所の土は、塩害の影響で植物を育てるには適さないのだという。

自宅を津波に流されてしまい、せめて家の近くに咲いていた花の球根だけでも仮設住宅に持ち帰りたい、と思われたのだそうだ。震災前から残っているのは、この球根だけだから、と。

「ほんとうに無事に育つと良いのだけど……」

そう言うと、女性はふたたび作業に戻られた。球根を植える手つきは、まるで震災前の思い出でも扱うように丁寧なものだった。

震災前の思い出といえば、別の男性から聞いた話がある。

その男性は、たまに津波でさらわれた自宅跡を見に行かれるのだそうだ。今は基礎だけになってしまったその場所に車を停めると、「あそこには、あれがあって、こんなことがあったな、あんなこともあったな」と想いを巡らせながら日中を過ごすという。自分の住んでいた大地、空気の匂い、雲の流れを眺めていると、自分の家に帰って来たような、そんな錯覚を抱くというのだ。

「やっぱり俺、ここに住んでいたんだって思うと、なんだか嬉しくてね」

男性にとって、今でもそこは、何にも代えがたい大切な居場所なのだろう。

震災前に、自分と同じ場所で生きていた花の球根を植えておられた先ほどの女性も、この男性と同じ思いだったのかもしれない。その場所で生きていたということが、このお二人にとっては大きな支えになっているようだった。

そして、震災から一年が経とうとするこのころから徐々に、

「仮設にいると見知った顔がいるから、部屋を開け放していても安心だ」

「仮設に帰ってくると、ほっとする」

「仮設には仮設の楽しみがある」

という、仮設住宅での暮らしに肯定的な声を耳にするようになってきた。仮設住宅が少しずつ、その人その人の居場所になってきているようなのだ。なかには「ここが仮設じゃなかったらいいのに」と言われる方も。

その声色からは、自分の居場所という大切なものを《仮設》のままにしておきたくないという、そんな印象を受けるのだった。仮設住宅での暮らしが非日常のものではなく、日常の風景として馴染み始めていたのかもしれない。仮設住宅に根づいていく草花と、仮設にお住まいの方の姿が、どこか重なるようだった。

人間関係のなやみ

日常生活のなかで、ご近所づきあいは頭を悩ませる問題の一つである。

もちろん仮設住宅でもそれは例外ではない。近接する居室に迷惑がかからないようにと毎日気を遣いながらの生活は、どれほど息の詰まることだろう。そこに住民同士の視線や噂話なども加わるのだから、その窮屈さもなおさらのことに違いない。

たとえば自宅再建のメドが立ち、ようやく仮設住宅を出てゆこうとされる方から、「この仮設の人には言わないでね」と釘を差された上で、その安堵感や喜びを打ち明けられたことがある。自宅再建という喜ばしい出来事を、これまで仮設住宅のなかの誰にも話せずにずっと胸に秘めておられたのだ。同じ被災した者同士だからこそ打ち明けられない気持ちもあるのだろう。こうした「嬉しい」という気持ちと同じように、「怒っている」「憎んでいる」という気持ちもまた、なかなか表に出しにくい。人間関係を円滑にしようとすればするほど、気持ちを抑え、自分をつくろわなければならない場面も当然出てくるはずだからだ。

仮設住宅では、しばらく前から、集会所でイベントを開いても決まった方々しか参加されないということが課題になっていた。また、参加した方々のなかでもそれぞれにグループを作ってしまい、ほかの方が集会所の輪に入ってゆけないということもあるようだった。そのような雰囲気のなかで、「ひどいことをされたから、集会所には行きたくない」と強い口調でおっしゃる六〇代の女性がおられた。

どういうことなのか尋ねてみると、即座に「言いたくない」と首を振る。「何があったのですか?」と聞いてみても「話したくない」とまた首を振られる。それだけ深く傷つくことがあったのだろう。しかし、いったい何があったのか、どうしてそんなふうに傷ついているのか。心配な気持ちになるものの、「言いたくない」「話したくない」と固く口をつぐむ女性を前に、なんと声をかけたらいいのかわからない。

どう関わったらよいのかと逡巡《しゅんじゅん》していると、同行したボランティアが「それだけつらいことがあったんですね」と声をかけたのだった。何があったのかも尋ねず、女性の気持ちをそのまま受け取ろうとするような声かけに、女性は唇を強く結んだまま深く頷かれた。

そして、仮設住宅に移ったばかりのころは、みんな何でも分け合い協力し合っていたのに、今ではそんなこともなくなってしまったこと、震災前は見なくて済んでいた人のいやな部分が、仮設住宅という狭い空間で暮らすうちに見えてきたことなど、胸の内につかえていたものを少しずつ話しだされたのだった。

一息つかれて、「津波が来て、何もかもが変わってしまったね」と、力なく微笑まれたころには、話すことを拒《こば》んでおられた女性の気持ちは、ずいぶん和らいでいるようだった。その様子を見て、つい「どうして」「何が」「いつ」「誰が」「どこで」というところにばかり目が行ってしまい、相手の状況を詳しく知ろうとするあまり、肝心のその方の気持ちを置いてけぼりにしてしまっていた自分を反省させられた。

私たちは、日々さまざまな気持ちを抱きながら生活をしている。小さなことで幸せを感じたり、逆に些細なことで締めつけられるような孤独を感じたりもする。そこが被災地であろうとなかろうと、そんな私たちのあり方自体に変わりがあるとは思えない。

その人がどんな状況に置かれていたとしても、自分の気持ちを誰とも分かち合うことができなければ、心に「ひとりぼっち」を抱えてしまうだろう。しかし、誰か一人でも、自分の気持ちを受け取ってくれる誰かがいたなら、その人はもう「ひとりぼっち」では決してない。

津波てんでんこ

東日本大震災以降、《津波てんでんこ》という言葉を耳にするようになった。

家族や友人の心配をするよりも、まずは自分の命を最優先に避難をすること。そうすれば同じように自分の命を最優先に避難した家族や友人とも再会することができる、という東北地方に伝わる先人からの言い伝えである。次にまたいつ来るかわからない津波から、

自分の子どもや孫を守りたい。子や孫に、自分たちと同じような悲しい思いをさせたくない。そういう切実な思いから《津波てんでんこ》の伝承は生まれたのだろう。

東北の津波被害があった地域に赴くと、「地震があったら津浪の用心」「大地震の後には津浪が来る」などの言葉が刻まれた石碑が散在している。なかには津波を警戒するその石碑自体が津波に押し流されてしまった場所

さえあって、それは、今回の津波が地域の人々から「まさかここまで来るとは思わなかった」という感想をもって語られる所以《ゆえん》かもしれない。津波によって命を落とされた方の多くは、「ここまで津波が来るはずがない」と、はじめから避難をされなかった方、あるいは一度避難したものの、ご家族を心配して、または貴重品や家財を取りに、自宅に戻られた方々であったという。

地震が起きたら、自分の命は自分で守るということ。この度の震災は《津波てんでんこ》という先人からの言葉の重さが再度見直される機縁ともなった。そして、その教訓からあらためて得られた学びは、同時に大きな痛みをともなうものだった。

ある仮設住宅に、津波で息子さんを亡くされたという七〇代の女性がおられた。その女性は、大きな揺れが起こったあと、息子さんと一緒に避難所まで避難されたそうだ。しかし、避難所に日ごろから親しくしていた一人暮らしのご老人の姿が見えないことを気にされた息子さんは、母親を避難所に残して、ふたたび自宅のほうへと駆け戻られる。それきり、息子さんも近所のご老人も、津波に飲まれてしまったのだ。

「どうしてあのとき、戻ったりなんてしたんだろうね」と言うと、さめざめと女性は泣いた。

私は、自分の母に近い年齢のこの女性を、なんとかして慰《なぐさ》めたいと思った。聞けば、息子さんは私と同じくらいの年齢だったという。何か言葉をかけたくて、とっさに「優しい息子さんだったんですね」と口にしていた。すると女性はそれを振り払うようにして、「優しくなんてなくていいから、あの子に生きてて欲しかった」とおっしゃった。

わが子のことを想う親心が、胸に突き刺さった。

別の六〇代の女性を訪ねたときもそうだった。

玄関先に出て来られたその女性は沈んだ顔をしており、挨拶をしても、「ご苦労様です」と言ったきり、そのまま扉を閉めようとされた。ところが、部屋のなかは、女性の沈んだ表情とは対照的に、たくさんの花が飾られている。帰りかけた足を止めて、花のことを尋ねてみることにした。すると、それらはお彼岸のための花だという。

「主人と息子を亡くしてしまったものだから」

「津波で、ですか?」と尋ねると、女性はうつむいた。

「私も一緒に流されてしまえばよかったのに……」

震災が起きた日、ご主人と息子さんは仕事が休みで自宅におられたのだそうだ。そのとき女性は、たまたま外出していた。そのため、自分だけが助かってしまったことで、どうしても自分を責めてしまうのだという。加えて、息子さんのご遺体は八カ月ものあいだ見つからなかったのだそうだ。

息子さんのご遺体が見つかるまでのあいだ、「どこかで生きてるんじゃないか」、「記憶喪失になっているから帰って来ないだけで、きっとどこかの病院にいるんじゃないか」と思い続けたという。その一方で、いつ警察から「遺体が見つかった」という電話があるかわからないからと、仕事場にも携帯電話を握りしめて出ていたそうだ。生きているのか亡くなっているのか半信半疑のまま、田んぼを見ると「あの田んぼに埋まってるんじゃないか」、道端の側溝を見ると「あの側溝にいるんじゃないか」と思って、日々を過ごされていたそうなのだ。

息子さんが生きているのではないかという思いと、あるいは亡くなっているのではないかという思いとのあいだで、どれほどもどかしい気持ちで過ごしてこられたことだろう。爪だけでもいい、骨の欠片だけでもいい、「これがあなたの息子です」と言われたらあきらめもつくのに。ずっと半信半疑だった。息子も、帰りたいとずっと思っていたはず。そんな女性の話を聞いて、思わず、「息子さんのご遺体が帰って来たときは嬉しかったんじゃないですか?」と尋ねていた。

すると女性は、「そりゃあ嬉しかったね。もうね……」と、目に涙をためながら何度も何度も言葉にならず、うなずかれるのだった。そして、息子さんと同じ年代の男性を見ると生きていたらあんなだったかなと思うこと、夜になると三人で暮らしていたことを思い出すこと、外出先から「ただいま」と言って誰もいない部屋に帰ってきたときが一番寂しいと感じることなど、胸のうちを話してくださった。そのときの女性の表情は、最初の沈んだ表情とは違い、どこか笑みを含んだような柔らかいものだった。

帰り際、「どうか家族を悲しませないで。大切にしてあげてね」と言葉をかけて下さった。「地震が来たら、とにかく逃げてね。こんな思いをするのは、もうたくさんだから」とも。

そんな、子や孫や家族のことを思う心が《津波てんでんこ》という言葉になり、あの石碑となって遺されているのではないだろうか。あの石碑を立てた先人たちもまた、このたび被災された方々と同じように、悲しみや苦悩を胸に秘めていたことだろう。どうか同じような苦しみに遭わないでほしい、悲しい思いをしないでほしいという願いが、あの石碑の一つひとつには込められているように思われてならない。

第三章 綻《ほころ》びゆく日常

二年間の予定で始まったはずの仮設暮らしは、三年目を迎えた。

ため息にまじってこぼれる「震災前の町並みを思い出せなくなってきた」という声は、震災からの月日が着実に過ぎ去っていることを感じさせるのだった。

仮設住宅のなかで自死される方、老衰で亡くなる方のことが耳に入ってくるようになったのも、このころのことである。

あの日に戻れたら

二〇一一年三月一一日、十四時四十六分。

これまで体験したことのない大きな揺れを感じて、取るものもとりあえず、慌てて避難した。

中学校に避難したものの、しばらくすると水が上がってくるので、そのまま校舎の二階へと避難する。それも束の間、水位はみるみる高くなる。今度は三階から屋上へと駆け上がる。屋上に出てみると、眼下は一面の濁流で、家屋や自動車、船などが次々に押し流されてゆくのが見えた。波の音とともに、流されてきたそれらのものが校舎の壁にぶつかっては、大きな音を立てている。

向こうから流されてくる家屋の屋根に、誰かが乗っているのが目に入る。避難し遅れた近所の方が、自宅の屋根に逃れてそのまま流されたものらしい。何とかならないものかと気を揉みながら、こちらへ流れてくるのを見守っていると、そのまま波間に沈んでいった。何もできなかったとわかっていても、それでも、あのとき自分にできることは本当になかったのか。思い返すたびつらくなる。

仮設住宅に住む女性がこの話をしてくださったのは、震災から二年半が経過した、ある日の何気ない雑談のなかでのことだった。今でもあの日、津波に流されてきたものが次々とコンクリートの校舎にぶつかる音が耳から離れないという。そして、その音が思い出されるたびに、冒頭の出来事が鮮明に思い返されるのだそうだ。自宅の屋根に乗ったまま、波に飲まれてしまった方。その姿を思い、あのときの自分に何かできたのではないかと、震災から二年半が経っても、いまだに自分のことを責め続けておられる様子に、こちらも胸が締めつけられる。女性は、何度も「ごめんなさいね、ごめんなさいね」と、涙をこぼして謝られた。きっと何度も何度もご自分のなかで「あのとき何かできたのではないか」という答えようのない問いを発し続けては、あの日の光景を反芻《はんすう》しておられたに違いない。

女性の家族はみなさん無事だった。「でもね」と言って女性の話は続く。

「なかには、お子さん一人を残して家族みんな流されたところもあるのに、なんだか申し訳なくてね……」

仮設住宅に入ってからというもの、見るとなく聞くとなく、そうした周りの被災状況がわかってくると、ますます申し訳ない気持ちになるのだそうだ。

震災から二年半という時間が経ったからといって、この女性の気持ちが少しでも軽くなったようには見えなかった。むしろ、ますますつらい気持ちを抱え込んでしまっておられるのではないかと感じられたほどだった。

この女性とは反対に、津波を目の当たりにしなかったという、まさにそのことで、震災のことを思い出されるという方もいらっしゃる。

「もう一度あの日に戻れたら、俺は家に居たいんだ」というその男性は、震災発生当時、職場におられた。

「自分も被災者と言えば言えるんだけどね。なんか違うよね」

自宅を流され、震災の被害に遭っているにもかかわらず、直接津波を見たわけではないために、津波の被害を体験した人たちの話に入れないというのだ。また、津波から逃げた体験をもつ兄弟にも、何と声をかけてよいのかわからない自分が歯がゆいのだと言う。

「だから、もう一度あの日に戻れたら、俺は家に居たいんだ」

男性は続けて、震災以降、兄弟と話す機会が減ったのだと、肩を落として言われた。震災が起きたときに自分が自宅にいなかったことを、ひどく悔やんでおられる様子だった。

「もう一度あの日に戻れたら、俺は家に居たいんだ」という言葉は、震災によって兄弟のあいだに生まれてしまった隔《へだ》たりを、どうにかして埋めたいという気持ちの現われのようにも感じられる。きっと大切に思っていらっしゃるのだろうと、ご兄弟のことを尋ねてみると、「せっかく生き残った兄弟なんだからさ」と言ったきり、しばらくのあいだ黙ったままだった。

被災地と呼ばれる地域に住む方々にとって、東日本大震災が発生した、二〇一一年三月一一日からこれまでの時間は、震災に対する思いを反芻する時間でもあったのではないだろうか。「震災から何年が経過した」と言うよりも、どれだけ時間が経っても「震災は続いている」という言い方が、どこかふさわしいような気がしている。

つづく仮設暮らし

少しでも仮設住宅を住みよい環境にしようと、工夫を凝らす方たちがいらっしゃる。市が風除室《ふうじょしつ》を設置する前から風除室を自作される方、ベランダを拡張される方、下駄箱や物置きを玄関先に設える方……。

その男性も、仮設住宅の軒先に木材を並べて、ノコギリを使っておられた。尋ねてみると、その木材は自分の部屋で使うものではなく、同じ仮設に住む方から依頼された踏み台を作るためのものとのことだった。

「日曜大工は趣味でもあるし、手先も器用なほうだから、頼られちゃってね」と、はにかみながら男性は答えてくれた。話の途中にも、通りがかった女性が、「うちのアンテナも直してくれない？」と声をかけてゆく。男性は、同じ仮設に住む方からの依頼をどこか嬉しそうに請け負うと、こうした依頼が月に何度かあるのだと言われた。

しかし、そうした依頼も、一時期ぴたりと止んだという。

仮設住宅に二年も住めば公営住宅に移れる、ここから出られる、という希望があったためだ。だから多少の不便も、「もうすぐ出られる、ここは仮設なんだから」、「いつまでもいるわけじゃないから」と、目をつむっていられたのだ。

ところが、市の復興計画は思ったように進まなかった。仮設の入居期限である二年が経過しても、出られる目処が立ちそうにない。

「さすがにガクッときたね」と、男性は力なく笑った。

そして二年目を境に、ふたたび男性の元に、ぽつぽつと工作の依頼が来るようになったという。

「これからも仮設住宅に住まなきゃだからね」

そう言って男性は作業に戻られるのだった。その横顔には、周りから必要とされているという喜びと、いつまで仮設にいなければならないのかという不安とが、ないまぜになって浮かんでいるように見えた。


こうした住民の不安は、その後も続いてゆく。

夫婦のかたち

六〇代のある仲のよいご夫婦のこと。

奥さまは、震災のずっと前から病気をされていて、ご主人も奥さまの体調のことをいつも気にかけていらっしゃった。奥さまの身体が元気なうちにいろんなものを見せてあげたいと、ご主人はまとまった時間が取れるたびに二人で旅行に行く計画を立てられていた。仮設住宅に入居してからというもの、旅行に行く機会こそ減りはしたが、それでもできる限りのことをしてあげたいというご主人の言葉には、奥さまへの気持ちが溢れているようだった。

しかし、そんなご夫婦のあいだにも一つだけケンカの種があった。それは、今では遠く離れた仮設住宅に住んでいるものの、いずれは自宅のあった場所（閖上地区）に戻りたいというご主人と、二度と戻りたくないという奥さまとの意見の食い違いによるものだった。そして、その食い違いは、震災での二人の体験の違いから来るもののようであった。

震災が起きたとき、ご主人は仙台市内の職場に、奥さまは閖上の自宅におられた。

奥さまは、大きな揺れを感じるとすぐに自転車で避難をされた。避難先の公民館では、中学校の卒業式を終えた学生や父兄らが謝恩会を開いており、みんな一様に和やかな表情をしていたという。

「予想より大きな波が来る予報が出ていますので、高い建物に避難してください」というアナウンスが流れても、和やかな雰囲気は変わらない。車で来ている人ばかりだったので、道はたちまちのうちに渋滞した。奥さまは、あらためて避難所に指定された中学校へと渋滞の隙間を縫って避難されたのだった。

中学校に着くと、すでに足元まで津波が迫っていた。校舎の二階へと駆け上がったものの、そこから上がることができない。避

戸建タイプの公営住宅

マンションタイプの公営住宅

難した人たちで行く手が塞がっていたのだ。下からは、「何やってるんだ、早く上がれ！」という怒号。そのとき窓の向こうを、渋滞していた車が次々と流れていくのが見えたという。

それから寒い一夜。教室のカーテンにくるまって過ごしていると、遠くから、プロパンの爆発する音が間隔を置いて何度も聞こえていたことを、今でも思い出すのだそうだ。

翌朝になると波が引いており、今度は小学校に避難することに。ぬるぬるとぬかるんだ道をみんなで歩いて避難するとき、瓦礫《がれき》に紛《まぎ》れた車の中に人影が見えたり、倒れたまま動かない人の姿が見えた。つい昨日の謝恩会で見た和やかな表情が、頭をよぎる。

「そんな場所に戻って、もう一度住む気には、とてもなれない」

それが奥さまの思いなのだった。

一方、ご主人は地震の後、奥さまのことが心配で、すぐさま自宅に戻ろうとされた。ところが、自宅からはかなり手前で瓦礫の山に阻《はば》まれてしまい、それ以上は近づくことができない。「もう家ないよ」というメールを最後に、奥さまとは連絡が取れないままだ。すでに津波に飲まれてしまったのではないか。気を揉むばかりで、事態は変わらない。焦りだけが大きくなっていくなかで、奥さまが生きているとわかったときは、何にも替えられない嬉しさだったそうだ。

ご主人は、奥さまの話を聞きつつも、

「二人の思い出の詰まった閖上で、もう一度暮らしたい」

という思いを持っておられた。

しかし、この話題になると、必ず話は平行線を辿るだけになってしまうので、おたがい話題にしないようにしているのだという。二人の意見の違いは、閖上という場所に対する想いの違いでもあった。


夫婦にとって、食い違いが決定的となったのは、仮設からほど近い公営住宅の抽選に当たったことだった。

せめて公営住宅でもいいから、閖上に戻りたいと思っていたご主人にとって、閖上から遠く離れた、それも公営住宅に住むことなど、考えられないこと。一方、ご病気の奥さまからすれば、今住んでいる仮設は、駅や病院、お店の建ち並ぶ便利のよい立地。まして、たくさんの方が亡くなった閖上に帰るという気持ちには、どうしてもなれない。

せっかく当選した公営住宅。しかも、申し込みは一世帯につき一部屋しか認められないとなれば、ご夫婦の葛藤《かっとう》は相当のものであったはずだ。二人は何度も大きなケンカを繰り返したそうだ。

そして、大きな喧嘩《けんか》を繰り返すたびに、奥さまは「離婚するしかない」と考えたという。離婚すれば世帯は二つになるからだ。そうすれば、別々の公営住宅に応募できるというのだ。夫婦の形を変えることでしか、この現実に立ち向かえないと、決然としておっしゃる奥さまの表情には、生木を裂かれるような思いが滲《にじ》んでいた。

あの大きな震災すらも乗り越えて、今日まで過ごしてこられたご夫婦。そんなふたりが、どうしてここへ来て、離婚にまで話を発展させなければならないのだろうか。時間の経過や、環境の変化とともに、苦悩もまた確実に変化しているのだった。

終《つい》の棲家の仮暮らし

被災された方々が仮設住宅に移り住むようになって、三年半という月日が経った。もともとの居住期間を二年という予定で建設された仮設住宅は、その年限を大幅に超過して、経年による劣化が目立つようになってきた。

一列に規則正しく並んでいた軒先は、住宅自体の重みによって歪《ゆが》みが見られるようになり、玄関口に設《しつら》えられた風除室は風雨によって浸食され、室内のカビの原因にもなっている。ある仮設住宅の自治会長から聞いた話では、これまで仮設住宅内での修繕を依頼した箇所は大小二〇カ所にも及ぶという。こうした仮設住宅の劣化を見るにつけ、そこに住む住民の方たちの口からは「しょせんは仮暮らしだからね」という言葉が、ため息となってこぼれてくるのだった。

災害公営住宅への移転や自宅再建が進むなかで、仮設住宅にも徐々に空室が目立つようになってきたある日、仮設住宅の集会所に詰めている生活支援員の方とお話する機会があった。最近の仮設住宅の様子などをうかがってみると、集会所に集まった住民のみなさんの表情に変化があるという。口々に、「何号棟の○○さんが、仮設を出て行くらしいわよ」、「今度は、△△さんも出て行くらしいよ」という噂話を、嬉しそうにされているというのだ。

集会所をあとにして、これまでも何度となくお目にかかっていたある男性の部屋を訪ねた。挨拶をして二言三言お話をしたあとで、「次に訪ねて来てくれたときは、もうここにいないかもしれないよ」と、いたずらっぽく言われる。理由を尋ねてみると、息子さんが自宅を再建されたので、一緒に住むことになったのだという。男性は、お孫さんと一緒に暮らせる近い将来が目に浮かぶというように、ますます目元を細めては、これからの暮らしについての話をしてくださるのだった。それまで見たことのない男性の笑顔から、先行きの見えることが、こんなにも気持ちを明るくするものなのかと、こちらまで嬉しい気持ちにさせられた。

さきの生活支援員さんがおっしゃるには、「○○さんが仮設を出て行くらしいわよ」という話題は、昨年まで暗い表情で囁《ささや》かれる種類のものであったそうだ。同じ仮設に住んでいた誰かが、新しい家で再出発をするらしいという明るいイメージに触れれば、仮設住宅暮らしを強いられる我が身と引き比べてしまうのは当然のことだろう。しかし、この仮設住宅に住む方たちの公営住宅への集団移転の話がまとまったことを境に、こうした話題に添えられる表情は、見違えるように変化したという。いずれ遠からず、公営住宅に転居する番が自分たちにも訪れるからだ。

「まったく同じ「仮設を出て行く」という言葉でも、こんなに違って聞こえるなんて、不思議ですね」と、支援員さんも微笑ましそうにおっしゃった。たとえ同じ言葉であっても、そこに乗せられた気持ちによって、聞こえ方もまるで違ったものになるのだ。

一方で、いまだ移転先の決まらない仮設住宅があることも忘れてはならない。そんな仮設住宅のベランダで、布団を干している女性がおられた。お声がけしたところ、近隣に立つ公営住宅のベランダを見上げては、自分もいずれ、あんなふうに布団を干す日が来ることを楽しみにしているのだという。転居の予定でもあるのかと尋ねてみたところ、仮設住宅を出る予定は、まだ何も立っていないのだそうだ。それでも近隣に建ち並ぶ公営住宅や新築家屋を見ては、自分もいずれ、あんなふうに暮らす日が来るのだと心待ちにしながら仮設住宅で暮らしているのだと話された。そして女性は、この仮設住宅の、ある近況について教えてくれた。それは、これから何年に及ぶのか先行きの見えない仮設暮らしで、すでに何名かの方がお亡くなりになったという話だった。

「仮暮らしのつもりが、終《つい》の棲家になるなんてね」

そう言って、女性は布団を干すことに専念された。


私は布団を干される女性の横で、ある七〇代のご夫婦のことを思い出していた。そのご夫婦は、私たちが訪問するといつも笑顔で迎えてくださり、仮設住宅で起きたことや夫婦喧嘩の顛末《てんまつ》などを、笑いながら聞かせてくださるのだった。そして、ひとしきり話すと、奥さまは決まって、「(主人は)二度も大病を患《わずら》い、津波にも遭ったけど、こうして生かされていることに感謝している」と言われるのだった。

「自分たちのような年寄りではなくて、どうして若い人が流されてしまったんだろうね」と話が震災のことに触れたときも、しばらくすると、「でも、こうして生かされているからね。感謝だね」と、今ある自分たちを再確認するように話を結ばれるのだった。


しばらくぶりに、そのご夫婦がお住まいになる仮設住宅を訪ねたときのこと。

懐かしい気持ちで居室を訪問すると、出迎えてくださったのは奥様だけだった。ご主人の姿は見えず、玄関口から見える室内の様子は、以前よりも簡素に感じられた。近況を尋ねてみると、ご主人は数カ月前に亡くなったという。

　とても気さくな方で、私たちを前に昔語りをしてくださる姿には、自分の祖父にでも話を聞いているかのような気持ちにさせられたものだった。そのご主人が、仮設住宅で亡くなったのだと聞かされ、しばらく言葉もなかった。せめて、お線香だけでも上げさせてもらいたくて部屋に上がらせていただくと、小さな仏壇には笑顔のご主人の写真が飾られていた。奥様は、その写真を見つめながら「主人は二度も大病をして、津波でも助かったのにね」と、そこでもおっしゃるのだ。その言葉はまるで、無念さや割り切れなさを飲み込もうにも飲み込みきれず、言葉になってこぼれてくるかのようだった。そして、何度目かに「二度も大病をして、津波でも助かったのにね……」と言われたあと、

「でも、こうして生かされているからね。感謝だね」

と、力なく微笑まれるのだった。

東北の被災地が、三度目の冬を迎えようとしているころのことだった。

　次々と公営復興住宅や新築家屋が建つ一方で、これからも残ってゆく仮設住宅がある。それは、言うまでもなく、これからもそこにお住まいの方がいらっしゃるということだ。公営住宅と仮設住宅とのコントラストは、ますます際立っているように感じられた。

笑顔のかげに

震災から三年が経ち、全国各地からボランティアに来られる方たちが仙台駅に降り立って最初に抱く感想は、「ここはほんとうに被災地なのだろうか」ということだという。人や車が賑やかに行き交い、デパートや飲食店、コンビニエンスストアもある風景からは、あの日テレビで報道された津波の映像を想起できないのだろう。

だが、沿岸部に向けてわずか数キロメートル先には、津波被害の爪痕《つめあと》が、今も確かに色濃く残っているのだ。それを目の当《ま》たりにした方は、「やっぱりここは被災地だったのだ」と、あらためて目の覚める思いがしたと感想を漏《も》らされる。きらびやかな町並みと、更地という両極端な風景は、震災から三年が経った今でも、見る者を戸惑わせている。このたびの震災による被害は、それほどまでに大きく根深いものなのだ。

仮設住宅では、「震災以前に住んでいた自分の家や町並みを思い出すことができなくなってきた」という声が聞かれるようになった。三年という歳月が流れるうちに記憶も曖昧となり、津波によって家屋の基礎さえなくなった更地からは、震災前の町並みを思い起こすことが難しくなってきたのだ。それは、雑草が生い茂り、盛り土によって景色が大きく変わってしまったせいでもある。

震災前に自分の住んでいた地区を訪れて、新しくなった風景に「どこだ？　ここ」と立ち止まって考え込んでしまった、という男性がおられた。次々に新しい家が建ち並び、新興住宅地も増えてきたことで、町並み自体が大きく変わってしまったのだ。

「自分が住んでいたところなのにな。おかしいよな」と力なく笑う男性の顔は、どこか寂しげでもあった。

「どの家も新しくてさ、震災なんてなかったみたいでよ」

新しい町並みになりつつあるかつての自分の町には、もう自分の居場所はないのだと男性は言う。

話は市街地に行ったときのことになった。震災などなかったかのような賑やかな町並みに、ここでも、自分は居てはいけないのではないかという居心地の悪さを感じたという。

仙台駅前

しかし、よく見てみると、市街地であっても、建物の壁にヒビが入っていたり地面が陥没していたりして、地震の爪痕がそのまま残っている場所があったのだそうだ。

「それを見て、なんだかほっとしたんだよね」

震災の爪痕を見たら、悲しい気持ちや、つらい気持ちが蘇《よみがえ》るのではないかと思っていただけに、「ほっとした」という言葉は、意外なものだった。いったい、どうして「ほっとした」のか尋ねてみると、男性は「やっぱり地震はあったんだなぁって、思ってね」としみじみと言うのだ。

地震があったことを確認できて、どうして「ほっとした」のか、残念ながら、それ以上は踏み込んで聞くことはできなかった。しかし、男性は、震災などなかったかのような景色に、自分の苦悩や悲しみもなかったことにされたように感じられたのかもしれない。震災が起きたこと、大変な思いで避難したこと、震災からこれまでのこと、そして、これからの不安。そうしたことを、誰かと、何かと、分かち合いたいと思われたのだろうか。

「やっぱり地震はあったんだなぁ」という男性の言葉には、いったいどんな気持ちが込められていたのか。

賑やかな仙台の街なかを歩いていると、ときおり、すれ違う会話のなかに「震災前」

「震災後」という言葉が聞こえてくることがある。一見きらびやかで明るい街の表情は、まるで震災などなかったかのように映るかもしれない。だが、そのきらびやかさ、明るさの陰に、震災で受けた傷口は隠されているのだ。そして、それは街だけのことではなく、笑顔の向こうに苦しみや悲しみを抱いている方にも、同じことが言えるのではないだろうか。

被災者とは誰か

二〇一五年四月末、テレビでは連日、ネパールで起きた大地震についてのニュースが流れていた。

東北地方の沿岸部で大きな地震が起きたときも、住宅や田畑が津波に飲み込まれてゆく衝撃的な場面が、何度も繰り返しテレビから流れていた。どれほどの被害があったのか、その全容もわからないままに、東北沿岸部の各地から届けられる被災地の映像からは、とにかく大変なことが起こっているのだということだけが伝わってきていた。ニュースの続報が入るたびに亡くなられた方の数は増えてゆき、その数字の大きさに暗然とした気持ちにさせられたものだった。そこに加えて、福島で起きた原発事故の映像は、いったいこれからどうなるのだろうかという私たちの焦燥《しょうそう》と不安とを嫌が上にもかき立てた。

震災被害に遭った地域から遠く離れた場所に住んでいる方でさえ、「もしも自分の身に起きていたら」という思いと、「自分じゃなくてよかった」という思いが湧いてきて、不安感や安堵感、そして安堵感から生まれた罪悪感などの狭間で、苦しまれた方も多かったと聞く。この大地震によって起きた地震被害や津波被害、火災被害など、東日本で同時多発的に起きた災害を総称して「東日本大震災」と呼ばれるようになったのは、地震発生から少し時間の経ったころで、現地ではいまだ余震と混乱が続くなかだった。

あれから四年の歳月が経って、関東に住むボランティア仲間から、こんな話を聞いた。

ある企業の下請け工場が、彼の住む地方にあったそうだ。工場で使う資材は東北から仕入れており、このたびの震災によって仕入れ先は津波に流されてしまった。工場では、たちまち操業に支障を来し、しだいに経営が難しくなってゆくと、従業員のほとんどは職を失うことになってしまったというのだ。

「この人たちも震災の被災者なんじゃないかな」

彼の言葉を聞いて、「東日本大震災」の被害は、東北だけのものではなかったことを考えさせられた。

そして、ふと、ある女性のことを思い出した。

それは、津波の被害を受けずに自宅がそのまま残っているという女性のお宅に訪問させてもらったときのことだ。そのお宅は海に面して建ってはいるが、周りの家屋よりも高台に位置しており、そのため津波の被害は免《まぬが》れた。しかし、地震によって傷《いた》んだ家屋は、地盤の沈下も手伝って、打ち寄せる波にさえ軋《きし》むようになる。そこに住む女性は、震災以降、柱や壁など、あちこちに傷みが出ては補修を繰り返してこられたそうだ。しかし、家に水が入ったわけでもないので、行政からは何の支援も受けることができなかったという。地震で壊れてしまった家具や食器に対する補償もなかった。

「こんなことなら、いっそ流されてしまえばよかったのに」

女性は深いため息をついて言われた。

「どうしてあの日、午後じゃなくて午前中に散歩したんだろうね」

浜辺沿いの散歩は午後の日課で、震災の起きた日も、いつものように散歩していれば、今ここに自分はいなかった、というのだ。「いっそ流されてしまえばよかったのに」という言葉は、家屋に対してだけではなく、自身にも向けられた言葉のようだった。

たしかに、東日本で起きた災害を総称して「東日本大震災」と名づけられはした。だが、その震災によって被災した「被災者」とは、どこまでの被害を受けた方のことをいうのだろうか。

震災から四年が経過して、仮設に入っている、入っていないに関わらず、これからのことが何一つ決まっていない方々が、まだまだたくさん残されているのも現状だ。

仮設住宅を訪問すると、「いつまでこの生活が続くんだろうね。あと少し、あと少しと思って生きてるけど……」と嘆息する声や、近況を尋ねると「何も変わらない。歳だけとっていく。仮設を出るまで生きていられるかどうか……」という、あきらめに似た声も聞く。一方で、災害公営住宅に移ったからといっても、仮設でともに暮らした同じ地域の方々と離れ離れになって孤立してしまったり、仮設に残る方との人間関係が難しくなってしまったりする現状もあるという。

「被災者」という言葉が、どこまで、そして、いつまで適応されるものなのかはわからない。だが、私たちが関わることのできるわずかな範囲、わずかな期間をとってみても、一人ひとりにそれぞれの苦悩があった。そしてその格差はしだいに広がり、多様になりつつある。今後、被災地の状況が変化するにつれ、支援の形もさまざまに変わってゆくことだろう。さまざまな支援があってしかるべきだ。しかし、どのような支援の形になったとしても、孤独を抱えておられる方が取り残されないような支援活動であってほしいと思う。一人ひとりの孤独に関わる支援は、これからもますます大切になってゆくと思うのだ。

第四章 仮設に残る

震災から四年。

仮設住宅の家屋そのものが寿命を迎えようとしていた。仮設の老朽化が進むなか、公営住宅への集団移転の決まった仮設もあるという。

復興に向けて移り変わってゆく風景と、老朽化が進むばかりの仮設住宅との対比は、「取り残されている」という住民の孤独感を、いっそう強くさせてゆくのだった。

町がなくなる

震災から四年を迎えようとしたある日。

仮設住宅の集会所で、震災前から続くある町内会の解散式が行われた。震災により津波浸水地域となった町内が、今では居住禁止地区に指定されたことや、仮設住宅から公営住宅への集団移転が現実に動き出す時期に差し掛かったことなどが、町内会の解散へとつながったようだ。

被災地全体からいえば、公営住宅への転居率はまだまだ高いものではない。とはいえ、仮設住宅によっては空室が目立つところも増えてきており、公営住宅の建設が進むにともなって、仮設住宅にお住まいの方からは、これから転居する公営住宅に対する期待や不安など、公営住宅にまつわるお気持ちを聞かせていただく機会も増えてきた。

仮設住宅に入居したときは、住民の孤立を避けるため、地域ごとでの入居であったのに、公営住宅への転居は、バラバラの地域の方が一つの公営住宅に入居されるというケースもあるらしい。仮設住宅で築いてきたコミュニティを、公営住宅に転居することで、また一から作り直さなければならないのだとしたら、それはどれほどの負担だろう。

まもなく震災から四年を迎えようとするこの日の町内会解散式は、どこか象徴的な出来事のようにも感じられた。

「町内会は解散したけど、新しい所ではまた新しい町内会ができるんだろうね」

町内会の解散式から数日後、町内で農業組合をされていたという六〇代後半の男性を訪ねたときのことだ。寂しそうに言う男性は、津波によって流された田畑を塩害から再生させようと尽力されている方だった。

震災前は、いつもみんなで催《もよお》しをしては笑顔の絶えない町内会だったそうだ。そのころの写真もたくさんあったが、今では数枚だけを残してすべて津波で流されてしまったという。震災前の町内会を思い出されるのではないかと尋ねてみると、

「思い出すね。やっぱり亡くなった人のことかな。あの人だったらどうだったかなとか。相談したいこともたくさんあったから」

田畑復興計画の図案を示しながら、男性はこれまであった大小さまざまなご苦労について話されるのだった。これまでに起きた問題を一つひとつ話されるたびに、「あの人だったら何て言ってくれたかな」、「あの人に相談したらどうだったかな」とおっしゃる横顔は、懐かしそうに微笑んでいた。そして、数枚だけ残ったという震災前の写真も見せて下さっ

た。

「今はこの写真と、心の中にだけだな。あのころの景色が残っているのは」

震災から四年が経過して公営住宅への転居が決まったとしても、男性の気持ちは震災以前の町並に残ったままのようだった。

「畑だけあってもな」

男性は、ぽつりと言われた。

土地や場所だけがあっても、そこに住み暮らす人がいなければ、それは町とは呼べないのではないか。男性のため息を聞いて、町内会の解散ということは、文字どおり町がなくなるということなのだと実感した。

公営住宅への集団移転が決まったといっても、その仮設住宅にお住まいの方全員が転居できるわけではない。公営住宅への転居が決まった方からは「あとちょっとの辛抱だからさ」、「ここを出られると思えばこそ耐えられることだけどね」という前置きとともに、これまでの仮設暮らしの不満がこぼれてくる。柱にヒビが入って部屋全体が歪んでしまったこと、冬場は床からの湿気でコタツ布団がぐっしょり湿ってしまうこと、夏場には隙間からアリが入り込んだこともあったこと、それらのことを「今だからこそ」と冗談まじりに教えてくださる。さぞ不便の続く四年間の暮らしだったことだろう。それを思えば、これからも仮設住宅に住み続ける方にとって、住宅事情はますます深刻な問題になってゆくのではないかと思うのだ。

問題は、建物のことだけに留まらない。

仮設住宅での活動を続けていると、私たちボランティアの姿を見つけて「よう、今日も来たのかい?」と気さくに話しかけてくださる方や、「今日はうちには寄ってかないの?」と声をかけてくださる方もいらっしゃる。そして、そのままお話をうかがうということもよくある。最初は、ありふれた話題だったのが、話が進んでいくうち気持ちの深い部分を聞かせていただくことも少なくない。

玄関先で野菜の泥落としをされていた七〇代の女性にお声がけをしたときもそうだった。夕食の準備をしているのだという女性は、手際よく野菜を捌《さば》きながら話をしてくださった。この野菜は近くの農家からもらったものだということや、ご主人に対する不満など、どこにでもあるような話だ。話の合間に笑い声も挟みながら。ところが、一つひとつうかがっていると、「実はね……」とでも言いたそうな表情で、少しずつ震災にまつわる話に

無人となった仮設住宅に雑草が生えていた

移ってゆくのだった。

「自分の畑もあったんだけどね」

泥を落としたばかりの野菜を眺めながら、女性は言われた。その野菜は、震災前であれば自分の畑でも採れるようなものなのに、近所の農家の方に頭を下げてもらってきたものなのだそうだ。しばらく野菜を捌いたあと、女性は「生きるのって難しいね」とこぼされた。

その言葉を皮切りに、抱えておられた気持ちが次々に言葉になってゆく。

他人に迷惑だけはかけたくないということ、主人も自分も歳をとってしまって、これからどうやって生きていったらいいのかわからないということ、他人に迷惑をかけたくないとは言ったものの、いずれは他人のお世話になっていかなければならなくなるということ。

お声がけをしたときには冗談まじりに話されていた野菜のお話も、ご主人に対するご不満も、そうした気持ちを反映したものであり、そこには切実な想いが隠されていたのだ。どこにでもあるような話だという先入観で聞いていた自分を反省した。

それから数カ月後、女性が居た仮設住宅の敷地内からは、目に見えて人の気配が少なくなってきた。住民の半数以上が公営住宅へと転居したのだ。あの女性の部屋からも家財道具が運び出され、もうそこに誰も住んでいないことが玄関先からでもうかがうことができた。

「よう」と声をかけてくださる方とも、「寄ってかないの?」と挨拶してくださる方とも、お会いすることはなくなってしまった。軒先のベンチで日向《ひなた》ぼっこをする方も、ベランダの鉢植えを手入れする方も、井戸端会議をする方々の姿も、以前ほど目にすることはなくなった。

継続して訪問していた居室のいくつかも、転居されたあとであったりすると、その方の新しい生活が始まったことを喜ぶ一方で、少し寂しい気持ちにもなってくる。そんな寂しさの増した仮設住宅の風景を、部屋のベランダからひとり見つめている女性がいらっしゃった。

「寂しくなりましたね」

人気の少なくなった仮設住宅をふりかえりながら聞いてみると、女性は一言、「全然」と首を横に振られる。

「ここからみんながいなくなることは、入居したころからわかってたことだから」

だから、寂しいなんて思わない、というのだ。女性は、仮設暮らしでたまたまみんな一緒に住んではいるものの、いずれバラバラになることだし煩《わずら》わしくもあるので、ご近所づきあいは極力避けてこられたそうだ。「今は、むしろ人がいなくなってスッキリした」という。

寂しいという思いは、私が一方的に抱いていた感想にすぎなかった。

仮設に住む方の話をうかがうなかで「これはありふれた話題だな」という、こちらの勝手な先入観や、自分が寂しいからといって相手も寂しいのではないかという気持ちの押しつけは、相手の気持ちをそのまま聞くことの妨《さまた》げになっていた。その方の抱かれている気持ちは、どのような気持ちであれ、どこまでもその方自身のものなのだ。相手の気持ちと自分の気持ちは違うのだという、当たり前の前提を忘れてはならないと思うのと同時に、その相手の気持ちを大切に受け取りたいとあらためて思った。

仮設住宅の限界

東北地方で広く読まれている日刊新聞『河北新報』の二〇一五年六月二六日号に、「プレハブ仮設劣化点検」という見出しの記事が掲載されていた。「災害公営住宅など恒久住宅への転居を促しつつ、当面移転できない被災者の生活環境改善を図る」とし、この八月より宮城県内にある一万四五〇〇戸すべてのプレハブ仮設住宅の屋根や外壁・給湯器の凍結防止ヒーター・床下の木杭などの一斉点検と補修とが、県によって行われるという。

震災から四年半近くが経過して、災害公営住宅の建設や集団移転が進んでいるとはいえ、仮設住宅での暮らしを余儀なくされている方々は、まだまだ多くいらっしゃる。そして、その仮設住宅も、棟を支える木杭の寿命は保って六年程度であると言われており、まもなく仮設住宅の設備の耐久年数は、その限界を迎えようとしているのだ。

県内のプレハブ仮設住宅の一斉点検・補修を行う背景には、こうした仮設住宅の建物自体の老朽化という事情もあってのことで、記事からは、仮設住宅での避難生活が、まだまだこれからも続いてゆくことが予感されるのだった。

二〇一一年一二月。各地の避難所から、被災された方々が仮設住宅に転居して半年が経ったころ、仮設住宅の脇道を大きく掘り返す工事が行われた。雨水の集排水溝を埋め込むためだ。その様子を一人の男性が眺めている。大きな排水管を地面に埋め込んでゆく作業が黙々と行われるなか、男性はしばらく何も言わずに作業を見つめていた。男性の様子が気になって、「これで少しは快適になるといいですね」と声をかけるが、男性は頷いたきり黙って作業を見つめている。それは日中の何気ない風景のようでもあった。

しばらくして男性は、こんな工事に意味があるのかと言われた。いつまでも住むわけではなく、いずれは出てゆかなければならない仮の住まいなのに、どうしてこれほど大きな工事が必要なのか、と言うのだ。

「ここは仮の住まいなんだよな？　俺たちはここから出て行くんだよな？」

男性の声は、工事の音にかき消されてしまいそうな小さな声だった。しかし、それは鋭く胸に刺さる問いかけでもあった。仮設住宅での生活は、それからすでに五年目を迎えているのだ。

二〇一五年六月二六日号の『河北新報』は続いて、宮城県内すべての仮設住宅の入居率について、「5月末現在のプレハブ仮設入居率は66・7％」であることを伝えていた。そして、「災害公営住宅や防災集団移転促進事業による住宅整備が進む岩沼市や亘理《わたり》町が35

〜36%に下がる一方、気仙沼、石巻両市と女川、七ヶ浜、南三陸3町は70%を超えている」と、仮設住宅の入居者数の差が、地域によっては倍近くもあることを数字で示して記事を結んでいる。

「ここは仮の住まいだよな？　俺たちはここから出て行くんだよな？」と問いかけられた、あのときの男性も「66・7%」という数字のなかに含まれている。

新聞記事が書かれてから三カ月が経過したある日。

補修工事を行うにあたり、仮設住宅の棟一つを丸ごと持ち上げるための器具が、住宅の床下にいくつも差し込まれていた。記事にあったとおり、仮設住宅の一斉点検・補修工事が始まったのだ。

「まるで国から、お前たちはまだまだここにいなきゃなんないんだぞって言われているような気がする」

床下に差し込まれた器具を見ながら、そんなことを言う男性がいらっしゃった。七〇になる男性は、これまで、公営住宅ができるたびに余剰分の部屋の抽選に応募してきたという。そして応募するたびに抽選にはずれてしまい、仮設での生活を余儀なくされておられるのだった。

「こんな生活が、これからもまだ続くのか」

抽選からはずれるたびに、男性はそんな思いに幾度も駆られたそうだ。物理的にも精神的にも圧迫感を感じながらの仮設住宅暮らしは、ついに呼吸不全を引き起こすまでになり、男性は二度も救急車で運ばれることになる。

「仮設での暮らしは大変だよ」

話のなかで、男性は何度もそう言われた。他所《よそ》の部屋で飼われている犬に嚙みつかれても、飼い主とのトラブルになることを避けるため、我慢し続けていること。洗濯機の音がうるさいといって、住民同士でつかみ合いの喧嘩にまで発展したこと。隣室の方が朝早く仕事に出て行くため、夜一〇時以降はテレビを見ないように配慮していることなど。仮設住宅の補修工事を見て、「お前たちはまだまだここにいなきゃなんないんだぞ」と言われているように男性が感じられた背景には、そんな出来事が幾重にも重なっていたのだった。

「我慢するしかないね。あと三年はここにいること

支持ボルトで底上げした仮設住宅

になるかもしれないから」

あきらめた表情で言われる男性だったが、変わらない仮設住宅の暮らしのなかでも、たった一つだけ楽しみがあるという。それは、数カ月前から飼い始めた小鳥と話をすることで。小鳥の名前はピーちゃんというのだそうだが、この名前は男性のつけた名前ではない。小鳥が自分で名のったというのだ。まさかと思って見ると、青い羽根のインコがこちらを見ていた。この小鳥は、数カ月前、男性の部屋に迷い込んできたもので、男性は捕まえるとすぐに警察に届けたのだという。しかし、いつまで経っても飼い主が現われなかったため、とうとう自分で飼うことにされたのだ。

実際に飼ってみると元来が人に飼われていたためか、人懐っこく、すぐに男性にも懐いたそうだ。部屋のなかで放してみると、男性の肩に止まっては、「何シテルノ？　ピーチャン」「美容院ニ行ッテ来ルカラネ」と、前の飼い主が話かけたであろう言葉を今でも口に乗せることがあるという。

「前はどんな人に飼われてたんだろうね。この子は幸せだったのかな」

小鳥の話す言葉の向こうに、男性は以前の飼い主の姿を見ているようだった。

「俺の言葉もだいぶ覚えたんだよ」

可愛くて仕方がないというように、男性は嬉しそうに笑った。変わらない仮設住宅のなか、自分との暮らしで新しい言葉を覚えていく小鳥の存在が、男性にとって大きな支えになっていることは、その表情からも感じ取ることができた。

今、この仮設住宅の周りには公営住宅が次々と建ち、徐々に町としての整備がなされつつある。日に日に変化してゆく周りの景色のなかにあって、仮設住宅だけが現状を留め続けようとしているようにも見える。変わらない仮設住宅の暮らしであったとしても、誰かと一緒に生きているということ、心を通わせる存在があるということ、そうした実感によって人は支えられ生きているのだということを、男性の表情は語っているようだった。

変わり続ける風景

同じ頃、陸前高田市内の仮設住宅でのこと。

「いったい何回景色が変わればいいいんだろうね」

どこかあきらめたような、怒ったような、そんな口調で五〇代の女性は言われた。

彼女は、陸前高田の旧市街地を見渡せる高台に建つ仮設住宅から、刻々と移り変わる街の様子を眺め続けてきたのだという。震災直後、津波によって傷ついた町並みは、それを見るたびに胸が絞めつけられる思いがしたそうだ。瓦礫の撤去が進むころになると、かつて町のあった場所は一面の更地になり、もう一度、自分の居場所が失われてしまった気がして呆然としたという。

そして今、以前より一二メートルもかさ上げされた陸前高田の旧市街地を眺めながら「何回変わればいいいんだろう」と言われるのだ。

かさ上げ工事の終わった陸前高田の旧市街地は、小高い台形の丘が形づくられていて、それがどこまでも続くようだった。かつてその丘の下には、たくさんの方々の暮らしがあったのだ。丘の上は、まるでそのことを忘れさせるような静けさであった。

女性が見つめる先では、巨大なベルトコンベヤーの解体工事が進んでいる。全長三キロメートルにも及ぶこのベルトコンベヤーは、トラック四〇〇〇台分の土砂を一日で運搬し、一〇トントラックなら一〇年かかるといわれた仕事をわずか一年半で成し終えたのだ。

「夜になるとライトアップがされて、それは綺麗だったのよ。高田に横浜ベイブリッジができたみたいってみんなで言ってたの」

このベルトコンベヤーは「奇跡の一本松」にならんで、陸前高田市を象徴するものとなり、地域の方たちから「希望のかけ橋」という名前で親しまれてもきた。ところが、役目を終えたベルトコンベヤーの解体工事が進むと、ライトアップされていた夜の沿岸部も、震災直後を思わせる真っ暗な海岸線に、ふたたび逆戻りしたのだった。それは、この街が迎えた何度目の変化だったのだろう。

女性は、「恥ずかしいことだけど」と前置きをしてから、震災前に自分が住んでいたはずの町並みを思い出すことが、だんだん難しくなってきたとおっしゃった。更地になったときには、それでも建物の基礎や道路の形などで多少の推測もできたのだが、今となってはそれもかなわない。町並みのなかで思い出せなくなった場所や建物も少なくないそうだ。

彼女の言うように、東北での活動を思い返してみると、そこにある背景はその時々で大きく変化し続けてきた。私たちが初めて活動に入ったころと、活動を始めて一、二年が経過した時期、そして三年、四年と時が経つごとに、それぞれの風景がそこにあった。

津波に流された自動車や家屋の一部が、アパートの屋上に乗り上げたままになっていたり、底面を晒《さら》して転倒するビルを目の当たりにしたときなどは、震災被害の大きさに言葉を失った。それから日に日に流入物の撤去作業が進み、地盤沈下した国道には土嚢《どのう》が積み上げられ、流入物や土砂を満載したトラックが何台も往復する風景は、いつしか日常的な景色になっていったのだった。しばらくして新しいルートの道路が敷かれ始めると、津波被害の爪痕を残した建物は次々に解体撤去されてゆき、みるみるうちに景観も変わっていった。次々と街が更地になったために目印を失って、道に迷ってしまったことも一度や二度ではなかった。それほどに、震災が起きてからこれまでの数年は、各地で年ごとに、また月ごとに、町並みや景色が目まぐるしく変わってきたのだ。

震災から数えて五年のあいだ、目まぐるしく変化してきたのだから、たとえ自分の住んできた町並みであったとしても、それを思い出せなくなることは不自然なことではないだろう。

そのように伝えると、女性は、かさ上げされた旧市街地と解体作業中のベルトコンベヤーを遠くに見つめたまま、「これまでのことが、何度も何度もなかったことにされてるみたいでね」

これまでに立ち現われては失われていった、いくつもの景色が、その言葉には滲んでいるようだった。

彼女は変わってゆく町並みに気づくたびに、かつての風景を思い出せなくなっている自分にも気づかされたことだろう。町並みを思い出せないことに寂しさを感じられているのではないかと、重ねて尋ねてみると、「寂しいというより、どうしようもないよね」との返答。

「どうしようもない」という思いが、冒頭の「いったい何回景色が変わればいいんだろうね」と言われたときの、どこかあきらめたような、怒ったような口調となって現われていたのだろうか。

陸前高田市では、かさ上げも終わり、これから新しい街が生まれようとしている。一見、着実に復興が進んでいるように見えるその景色は、今の彼女にどんなふうに映っているのだろう。もう少し一緒にその景色を眺めていたいと思った。

第五章　ためらう一歩

仮設住宅から公営住宅へと転居する方々が次々に見られるようになってきた。建ったばかりの真新しい公営住宅は、これから始まる新しい一歩を象徴しているかにも見える。

しかし、それは、震災によって失ったものが取り返されたということでは、決してないのだった。

ぜいたく

仮設住宅に住む方たちにとって、大きな関心事の一つは、災害公営住宅の建設や転居が各地で進んでいるということではないだろうか。長い仮設住宅での暮らしから、ようやく災害公営住宅への転居が始まろうとしている。仮設住宅での不自由な暮らしが一段落して、それは明るいニュースであるように見えた。ところが災害公営住宅への入居率は決して高くはないのだそうだ。公営住宅の建設に先立ち入居者を募り、募った入居者の分だけ部屋を確保したにもかかわらず。

仮設住宅にお住まいの方からは、家賃の問題や、知らない人たちのなかで暮らさなければならないこと、今までのように支援を受けられなくなることなど、公営住宅への転居に対する不安の声も聞く。

そんな不安の声をこぼされたあと、「ぜいたくだよね」とおっしゃる女性がいらっしゃった。

五〇代前半のその女性は、これまで、公営住宅に移ることを心の支えに仮設で暮らしてきたという。しかし、いざ公営住宅への転居が決まったとたん、目標を見失って、これから何を支えにしていいのかわからなくなってしまった、というのだ。そして、何を支えにしたらいいのかわからなくなると、今度は家賃についての心配が大きくなってきたのだった。ひるがえって、これまで家賃の心配をせずに仮設で暮らしてこられたこと、まだ仮設に残らねばならない方もいらっしゃることなどに思いが至り、「ぜいたくだよね」と言われるのだ。

仮設にお住まいの方たちは、これから次々に仮設を出て行かれることだろう。自分だけ仮設に取り残されたくないという思いと、公営住宅に転居してからの不安とのあいだで、板挟みになっておられる様子が、その表情からもうかがえた。そして彼女には、他にも不安なことがあった。それは、コンクリートで作られた公営住宅で、暮らしてゆけるのか、という不安だった。

四年前のあの震災のとき、女性は鉄筋コンクリートでできた避難所へと避難した。避難してまもなく、津波が避難所を襲う。津波によって流されてきた家屋や自動車などが、コンクリートに当たっては、その音を避難所のなかに大きく反響させていたという。その日から女性は、コンクリートに囲まれると避難所のことを思い出し、体の震えが止まらなくなるようになってしまったのだ。

「震災でご家族を亡くされている方もたくさんいらっしゃるのにね」

そう言ったあと、女性はもう一度、「ぜいたくだよね」と言われた。

「ぜいたくだよね」という、たった一言に、これほどの不安や気持ちが込められていたのだった。そして、それは「ぜいたく」な悩みだと思うからこそ、誰に打ち明けることもできず、女性の胸に秘められ続けてきた気持ちではなかっただろうか。自分の不安を人と比べて「ぜいたく」だと戒《いまし》められる姿は、自分の気持ちを抑え込もう、フタをしよう、とされているようでもあった。

それからほどなくして、彼女は公営復興住宅へと引っ越して行かれた。

モノクロの桜

津波によって壊滅的な被害を受けた場所には、今や新しい道路が整備され、目の前にある風景と、それまであった風景との隔たりに、驚かされることがある。建ち並ぶ公営住宅からは、ベランダに干された洗濯物が見えたり、子どもたちの遊び声が聞こえてきたりして、新しい生活がそこで始まっていることを教えてくれる。

もちろん、復興と呼ぶにはまだまだ遠い道のりが残されてはいるが、こうした町並みの変化を目の当たりにすると、着実に復興が進んでいると感じられてくる。そして真新しい住宅群を見ていると、そこが震災によって被災した場所であることなど忘れてしまいそうにもなるのだった。

仮設住宅での居室訪問活動を重ねるなかで顔見知りになった六〇代前半の女性が、戸建てタイプの災害公営住宅に入られたとお聞きして、お邪魔することにした。建ったばかりの公営住宅は、天井も高く、まっさらな壁紙に真新しいフローリングで、新築の家のにおいがした。女性は私たちが訪問したことをたいそう喜ぶと、すぐに家のなかへと招き入れ、一つひとつのお部屋を丁寧に案内してくださった。

案内しながら女性は「仮設にあった荷物は全部持って来たんだけどね」と、少し恥ずかしそうに言われた。どのお部屋にもまだまだ家具の入る余地があった。その余った空間は、仮設住宅という限られたスペースで女性が生活されてこられたことを物語っているようだった。

「明日にはこの部屋にベッドが入るんだよ。机と椅子はこの部屋で、ソファはここ」

明るくおっしゃる女性の表情から、これから始まる新生活に胸を膨らませておられる様子が伝わってきた。仮設住宅にいたころに悩まされ続けていた肩こりも、公営住宅に移ってからは嘘のように楽になったというエピソードもまた、公営住宅に移ることのできた喜びを表現されているように感じられた。

仮設住宅にお住まいだった方が、災害公営住宅に移られると、その方は行政上、「被災者」ではなく「一般市民」として扱われるそうだ。そのため、これまで受けられていた保障や支援が、その日から受けられなくなってしまうという。

「公営に移ったから、もう甘えてられないからね」

そして、話は、自然と震災当時のことになっていくのだった。

あの日、大きな揺れが起こったとき、女性は愛犬と一緒に散歩されていた。いつまでも続く大きな地震に「これは津波が来る」と直感した彼女は、そのまま愛犬と避難所へ向かわれたという。その日から、着の身着のままの避難所生活が始まる。

多くの方々が亡くなった大震災から最初の四月を迎えたころ、咲いている桜の色が何色だったか、彼女に記憶はない。目に映ったものは、ところどころにモノクロで、今でもそれらが何色だったか思い出せないままでいる。前に住んでいた家も震災のときの火災で消失してしまい、写真の一枚も残っていないため、思い出すことも難しいという。それは、震災から四年という歳月が経過した今も、女性の受けた衝撃がどれほど大きなものであったかを物語っているようだった。

女性の話は、続いて仮設住宅でのことに移った。

散歩中に一緒に逃げ、避難所でもともに過ごした愛犬との仮設住宅の暮らしが始まるのだが、まもなく、たび重なる環境の変化からか、愛犬は亡くなってしまったそうだ。さぞ心細く寂しい思いをされたのではないかと女性にうかがってみると、「人がたくさん亡くなっているときに、犬が死んだからって悲しんでいられないからね」と答えられた。その言葉は、どこか「悲しんではいけない。悲しいなんて言ってはいけない」と、自分に言い聞かせているようにも響いてくるのだった。

「でも、これからは自分の家があるから」

振り払うようにして女性は言う。

「もう仮の家じゃないからね。自分の家があるから頑張れる」とおっしゃる女性の話しぶりは、愛犬を亡くされて「悲しんでいられないからね」と言われたときと、どこか似た雰囲気を感じさせた。「もう仮設じゃないから。公営に移ったから。だから弱音なんて吐けない」と、どこかで思っていらっしゃるのかもしれない。そんなことを考えていると、

「ああ、そうそう。見てみて、ここに観葉植物を置いたのよ」

彼女の嬉しそうな様子につられて、震災の話はそれきりになってしまった。

しばらく時間を過ごし、失礼しようと挨拶すると、女性が庭先まで見送ってくださるという。玄関を出て、見送ってくださる女性をふりかえると、真新しいお宅越しに、向こう一面の更地が見えた。ショベルカーやダンプが区画整理や土盛りのために忙しく動き回っている。ここもまた津波の浸水地域だったのだ。

建ったばかりの真新しい公営住宅と、その向こうに見える更地との対比は、女性の笑顔と、そこに隠された気持ちとの対比に重なって見えるようだった。

お父さんのモミジ

建ったばかりの公営住宅のベランダから花壇に水をやっている、六〇代後半の女性にお声がけしたときのこと。見ると、花壇の脇に置かれた鉢植えの苗木が小さな枝を広げている。「何の木ですか？」と尋ねると、女性はそれには答えず、「立派なお家でしょう？」と、転居してまもない新しい住まいを示しながらおっしゃった。「思ったより立派なお家だったね」と、仮設住宅から公営住宅へと生活環境が変わり、少し戸惑われているようでもある。「たしかに広くて立派なお家ですね」と相槌《あいづち》を打つと、「お父さんと一緒にここを見に来たときは驚いたもんね」と少し笑ってから、口をつぐまれた。

ご主人との新しい生活に胸をふくらませておられるのではないかと思ったのだが、女性の表情は、どこか浮かないものだった。話も途切れがちで、沈黙の時間も多くなる。どこか遠くで遊ぶ子どもたちの声が聞こえてきた。少し間を置いて、

「お父さんと畑をするのが楽しみでね」

女性は切り出すようにそう言った。

ご夫婦は、仮設住宅に住んでいたときから、「公営住宅に移ったら一緒に畑をしようね」

と何度も約束されたそうだ。ようやくわずかな土地が買えたとき、ご主人は「お前が畑で疲れたらすぐに休めるように」と、小さな小屋も建ててくれたという。「一緒に畑仕事をしよう」という約束は、二人のあいだで何度も何度も交わされたもので、それはご主人が入院をされてからも変わらなかったそうだ。

ご主人にガンが見つかったのは、亡くなるわずか三カ月前のことらしい。ご主人が亡くなるまでの三カ月間、女性は毎日病院に通ったという。

朝早くから夜遅くまで、仮設には寝に帰るだけになっても、食事や着替えなど、ご主人のお世話を続けられたそうだ。さぞ寂しい思いをされているのではないかと尋ねると、「なんで？　って思う」と。お酒を飲み、タバコを吸う人を見ると、お酒もタバコも飲まずに健康だった主人が、「なんでその人たちよりさきに死ななきゃなんなかったんだって」、「ここを見に来たときも、立派な家だなって、入るのを楽しみにしてたのに、なんでって」、「せっかく暖かくなって、水が出るようになって畑もできるようになったのに、なんでって」と女性は言われた。きっと、幾度も同じ問いをご自身に投げかけられたことだろう。そのたびに繰り返し襲われる思いのあったことだろう。

「一日でもいいから、ここで一緒に暮らしたかった」

絞り出すようにして出されたその言葉は、自身への問いかけに応えたものだったのかもしれない。

結局、二人で耕すはずだった畑は手放すことにしたそうだ。市によって買い取られたその土地はその後、土盛りをされて地面の下に埋められてしまうという。せめてもと思い、畑でご主人が大事に育てようとされていたモミジの苗木と一緒に、女性は公営住宅に入居されたのだった。

「お父さんが大切にしていたモミジだから、私も大事にしてあげたい」

彼女は、そう言って鉢植えの苗木を見つめておられた。それは「一日でもいいから、一緒にここで暮らしたかった」という女性の思いがこもった鉢植えの苗木だったのだ。

居室訪問活動のチームで継続して関わってきた方が、公営住宅へと移転されるケースが目立つようになってきた現在、転居して行かれた先の公営住宅で、今、どのような思いでいらっしゃるのだろうかと考えることがある。新しい生活が始まって、力強く一歩を踏み出していらっしゃるだろうか。それとも、新しい悩み、孤独に苛《さいな》まれていらっしゃらないだろうか。変わってゆく景色の向こうで、今、どのような気持ちで日々を過ごしておられるのだろう。

あの日あのとき

東北の被災地に限らず、「二〇一一年の三月一一日、あの日あのとき、あなたは何をしていましたか?」と問いかけると、ほとんどの方が「そういえばあのとき私は……」と当時のことを鮮明に覚えている。昼下がりのことであったから、お仕事中だったという方、お食事を終えて一休みしていたという方、ちょうど買い物をしていたという方など、それぞれに当時のことを覚えておられる。それは直接・間接を問わず、私たちにそれだけ強い衝撃を与えた出来事だったということでもある。

その東日本大震災の発災から、まもなく五年の歳月が経とうとしている。

一四時四六分、強い地震が東北地方を襲った。大きな揺れに混乱するなかを、さらに続けて大きな津波が襲うまでのあいだには、わずか一時間の猶予もなかった。停電のためにテレビやラジオなどから情報を得ることもできず、東北から離れた場所に住む私たちのほうが現地の方よりも状況に詳しいという場面さえあった。テレビで流れる映像を呆然と眺めるほかは何もすることができないという無力感と、とにかく何かできることはないかという焦燥感とに、交互に襲われたという方も少なくはないだろう。当時の映像を見るたびに、そのときの混乱した気持ちが蘇《よみがえ》るという方も多くいらっしゃることだろう。

訪問先の仮設住宅に住む方のなかにも、当時の映像を見ることに抵抗があるという女性がいらっしゃった。ご自身も被災されているのだから、それは当然のことと言える。だが、その方は「震災のことを忘れてはいけないと思うから」と、震災関連の番組を撮り貯めては繰り返し視聴することを自分に課しておられるのだ。最初は、目を逸《そ》らしながらだったのが、しだいに少しずつ、今では目を逸らさずに津波の映像を見ることができるようになったという。

「だから、わたし、少しずつ良くなってるんだと思うんです」

縋《すが》るようにその方は言われるのだ。その目は、何かに立ち向かおうとされているような、そんな目だった。どうして、そこまでして震災の映像を見ようとされるのか、そこには何か強い想いがあるのではないかと尋ねてみようと思った矢先、とつぜん目覚まし時計が鳴り始めた。一四時四六分だった。

「いつ亡くなったかはわからないんだけどね」

少し照れたような様子で、目覚まし時計を止めながら、女性はそう言われた。

閖上中学校。時計の針は 14：46 で停止していた

「毎日、この時間にお父さんいなくなったんだって思うんです」

目覚まし時計は、それを知らせるためのものだった。仮設住宅の限られた居住スペースには、ご主人の遺骨箱と遺影を置くための場所があり、女性は一四時四六分になると、その場所を見つめながら、「お父さん、どうして？　どうして？」と毎日語りかけておられるのだそうだ。もちろん返事などない。それでも女性は、事あるごとに「お父さん」と呼びかけずにはいられないのだという。

「お父さん、今日はこんなことがあったのよ。お父さん、今わたしこんな気分なのよって話しかけるんです」

一人きりでの仮設暮らしには、多くの困難があったという。市役所での手続きや、お金のこと、誰に相談すればいいのかと、頭をかかえてしまうこと。そうした困難に遭うたびに、これまでの生活ではご主人がすべて手配してくれていたことに気づかされたそうだ。遺影の写真を見ながら女性は、

「お父さんがいなくなってから、自分がどれほど、あの人に頼りきっていたのかわかりました」

だから、震災の映像から目を逸らしてはいけないと言う。そのことと、ご主人のことと、一体どのように関係しているのか。女性は何かを決断するように、「これからは、一人で何でもやらなきゃならないからね」と言って、こちらを向かれるのだった。

東日本大震災から、まもなく五年の歳月が経とうとしている。五年という月日は、一般的に一つの「節目」と考えられている。「震災から五年の「節目」を迎えて」と、今年もテレビや新聞などで報道されることだろう。

震災から五年。あの女性の「お父さん」という呼びかけに返事がなくなってからもまた、五年の歳月が経とうとしている。それでも、あの女性は遺影に向かって「お父さん、今日

はこんなことがあったのよ。お父さん、今わたしこんな気分なのよ」と、呼びかけ続けているように、私には思えてならない。

エピローグ

二〇一六年九月。

仮設住宅の解体工事の終わったその場所は、一面の更地になっていた。

仮設住宅がなくなって、遮《さえぎ》るもののなくなった風景の、どこに視線を留めたらよいのかさえわからない。視線を彷徨《さまよ》わせてみても、空がどこまでも広く感じられるだけだった。被災地の風景が変わりゆくのは、これまでに何度も経験したことだ。いまさら驚くことでもない。そこだけぽっかり穴が空いたような景色は、それを見ている私の心象風景のようでもあった。

仮設住宅はなくなったが、この場所には暮らしがあったのだ。たくさんの方の生活があり、そこに生きる悩みがあったのだ。悲しみや不安があり、喜びや楽しみだってあったはずなのだ。それとも、ここで過ごした時間さえも「仮設」だったのだろうか。

そこで命を終えてゆく方もおられるなかで、人生に仮設しておける時間などあるとは思えない。どんな時間であれ、その方が生きてきた、かけがえのない時間なのだ。

「みんなここでのことは忘れたいんだろうね」

仮設住宅の解体現場で、あの男性は言った。
もちろん、そこに住まわれた方にとっては思い出したくないことなのかもしれない。それはいい。ただし、その気持ちが、なおざりにされてもいいということでは、断じてない。
どれだけ忘れたいと思っても、それが忘れたいと思うような出来事であればあるほど、むしろ、そこに向けられる眼差しや、支えは必要なはずなのだ。忘れたいというその思いを受け取ってもらえないままでいるうちは、その思いはずっと「ひとりぼっち」のままなのではないか。
相手の気持ちを大切に受け取りたい

という活動をとおして、「忘れたい」と言われるその背後にある気持ちに、はたして、これまでどれだけ関わることができただろうか。せめて一瞬でも、その気持ちを受け取る誰かになれていたのなら、と思う。

「ここで仕事をした人にとっては、思い出の場所なんだろうけどね」

私の勝手な感傷なのだろうか。

見上げた空には、幾筋もの雲が、ただ流れていた。

あとがき

震災から六年。七回忌を迎えようとしている東北の各地には、それでもまだまだ仮設住宅が残されている。進まぬ復興への苛立ちともあきらめともつかない声は、私たちが関わりを続ける仮設住宅でも聞かせていただいている。本書で取り上げた声は、そうした声のほんの一端にすぎない。その声の向こうには、声にならない声、本人でさえ気づかない苦悩を抱える方が、たくさんいらっしゃるに違いない。本書が、そうした方の想いのわずかでも、代弁できていたらと思う。

浄土真宗本願寺派の被災地支援の一環として行われた仮設住宅居室訪問活動は、宮城県仙台市では《東北自死・自殺相談センター（とうほくSotto）》に、岩手県陸前高田市では《陸前高田市傾聴ボランティア　こころのもり》に、活動の主体がそれぞれ移り、地元のボランティアによって活動・運営が続けられている。両団体のメンバーのみなさんには、この場を借りて感謝したい。

本書の出版に際しては、浄土真宗本願寺派総合研究所の丘山願海所長、石田真住部長、仮設訪問活動を共にした元研究員の金沢豊氏をはじめ、職員のみなさんの支えがあった。

また、『大乗』掲載時の原稿に被災者の目線から真摯な校正を加えてくださった平野批美さん、原稿の書籍化を勧めてくださった龍谷大学の野呂靖先生、出版に際して多くのアドバイスをくださった国際日本文化研究センターの磯前順一先生、そして不慣れな著者を励まし続けてくださった法藏館編集部の今西智久さんの存在も忘れてはならない。

加えて、実質的に活動を支えてくださったNPO法人京都自死・自殺相談センターの皆さんと、著者を導き続けてくれる竹本了悟代表に、この場を借りて御礼申し上げたい。

なにより、東北をはじめとする被災地と呼ばれる場所で、今も厳しい状況のなかにおられる方々に、一日でも早く穏やかな気持ちで過ごせる日が来ますように。

最後に私事ながら、二〇一六年一月四日に往生した父・慈眼院釈正道の佛前に、この書を捧げたい。

二〇一七年一月四日

安部　智海

本書は、二〇一三年八月から二〇一五年三月まで、浄土真宗本願寺派の月刊機関紙『大乗』に連載した「震災情景」（全二〇回）、「ことばの向こうがわ」（全一二回）を時系列に再構成し、加筆修正を加えたものである。

著者略歴

安部智海（あべ　ちかい）

1978年、山口県長門市出身。

龍谷大学大学院文学研究科博士後期課程真宗学専攻単位取得。

現在、浄土真宗本願寺派総合研究所研究助手。

藤丸智雄著『ボランティア僧侶』（同文館出版）では、仮設住宅居室訪問活動の様子が紹介された。

ことばの向こうがわ　震災の影　仮設の声

二〇一七年三月一一日　初版第一刷発行

著　者　安部智海

発行者　西村明高

発行所　株式会社　法藏館

京都市下京区正面通烏丸東入

郵便番号　六〇〇－八一五三

電話　〇七五－三四三－〇〇三〇（編集）

〇七五－三四三－五六五六（営業）

装幀　上野かおる

印刷・製本　亜細亜印刷株式会社

ISBN 978-4-8318-8180-9 C0036